A BEGINNER'S GOLF GUIDE

김정락 지음

4주 완성 골프 가이드

BM 황금부엉이

행복한 라운드를 위한
4주 완성 골프

골프책 출판을 준비하면서 처음 든 생각은, 입문서와 실용서가 많다는 것이었습니다. 그래서 저의 첫 책인《이토록 골프가 좋아지는 순간》에서는 실용적 내용보다는 삶의 성장, 통찰, 점검, 실행, 판단, 통제 등 골프를 통해 바라본 자기 계발, 인문적 감상을 담았습니다. 그런데 골프 책 출간을 알리면 대부분 사람이 '골프 기술, 입문, 실용'이 주제라고 생각하더군요. 서점에 골프 입문&실용서가 이미 다양하게 나와 있음에도 여전히 많이들 관심을 갖고 있는 분야라는 것을 다시 확인하게 되었고, 골프 실용서를 써야겠다는 결심을 하게 되었습니다.

인생은 알 수 없다지만, 갑자기 우리에게, 아니 지구상에 예상치 못한 질병인 코로나19가 나타나면서 우리의 일상은 한순간에 완전히 바뀌었습니다. 코로나 전 인간은 집단으로 모여 관계를 맺고 살아가고 있었는데요, 인간 삶의 본질인 관계 맺기가 어려워지면서 사람들은 감정을 나눌 기회를 박탈당했고, 답답함, 불안감 등이 사회 전반에 퍼져 나갔지요. 시간이 흐르고 사람들이 적응하기 시작하면서 팬데믹 아래에서도 안전하게 관계를 맺기 위한 방법을 생각하게 되었고, 그중에 자연의 청정 공간에서 소수의 인원으로 즐길 수 있는 스포츠 활동인 골프가 주목받기 시작합니다. 또한 스포츠(sports)와 휴가(vacation)를 결합한 형태인 스포츠케이션이 트렌드로 떠올랐고, 골프는 빠르게 대중에게 퍼져나갔습니다. 특히 기존 골프의 주향유층이던 4~60대도 계속해서 입문할 뿐 아니라. 2~30대 젊은 계층이 골프에 관심을 갖게 됩니다. 거기에 여성 골퍼가 증가하면서 골프 산업이 폭발적으로 발전했죠.

한국 골프장경영협회에서는 코로나19가 성행하기 시작한 2020년, 전국 501개 골프장 내장객 수가 총 4,673만 명을 기록했다고 밝혔습니다. 이는 2019년보다 503만 명이 늘어난 수치입니다. 2021년도는 더 많은 내장객이 골프장을 찾아 골프장 내장객 5,000만 시대가 열렸지요. 또 코로나19의 영향도 있지만, 4~5년 전부터 비즈니스 관계에서조차 술자리보다는 건강과 유익한 문화생활을 중시하는 인식이 골프 인기의 한몫을 담당하고 있는 실정입니다.

소위 MZ 세대라 불리는 젊은 층이 골프에 늘어나면서, 골린이, 골생아 등의 신생 단어도 새롭게 떠올랐습니다. 사실 어떤 과정이든 무슨 세대든 상관없이 누구나 입문하게 되면 모르는 것이 당연하고 배워야 하는 것이죠. 하지만 기존과는 다르게 최근에는 규칙이나 골프 예절은 등한시하고, 기술에 집착해 게임을 빨리빨리 즐기려고 하는 문화가 퍼졌습니다. 입문 과정에서 골프 스윙의 기술을 알려주는 곳은 많지만, 처음 입문하면서 어떻게 행동하는지, 준비물은 무엇인지, 동반자 관계와 골프 매너는 무엇인지, 기본적인 용어와 규칙은 어떻게 되는지 등을 알려주는 책이 필요하다고 판단해 집필하게 되었습니다.

골프 문외한의 일화를 하나 들어볼까요? 이 사람은 거래처의 책임자에게 골프를 하자는 제안을 받아도 골프를 전혀 칠 줄 몰라 거절해야 했습니다. 하지만 골프 제의를 계속 미룰 수만은 없습니다. 왜냐하면 일반적인 친분 관계가 아니라 사업이 얽혀 있는 관계이고, 계속 제안을 거절한다면 사업 관계도 휘청거릴 수 있기 때문이지요. 골프를 즐긴다는 것은 골프라는 '스포츠'만을 위한 것이 아닙니다. 서로의 관계를 돈독히 하고 상대의 진가를 알아가는 자리입니다. 생각해 보세요. 여러분이 계속 만나자고 청하는데 매번 거부한다면, 만나고 싶을까요? 현세대는 속도를 중요시하는 경향이 뚜렷합니다. 장점일 수도 단점일 수도 있습니다. 하지만 이 책에서는 단점보다는 장점으로 보고 색다른 시도를 하게 되었습니다. 즉 고정관념을 탈피해보자는 것입니다.

《4주 완성 골프 가이드》는 무엇보다 먼저 골프장 부킹(예약)을 넣었습니다. 지인과 골프를 칠 일이 생기면, 일단 4주 후에 예약을 잡고 시작하는 것입니다. 무모하다고 할 수 있지만 시작을 이렇게 하면 동기와 목표가 생겨 시작할 수밖에 없게 됩니다. 이왕 시작할 거 지금, NOW, 당장 시작하세요. 오래 골프해 온 사람들 대부분이 "한 살이라도 젊을 때 배워야 했어"라며 후회

하십니다. 제가 골프를 해온 30년간 정말 많이 들은 이야기입니다.

첫 번째 장인 '골프 시작하기 전'에서는 준비물, 연습장 종류, 프로 선택, 골프 클럽 명칭, 용품 등을 소개하고 있습니다. 처음에는 준비물이 많아 당황할 수 있지만, 책에 꼼꼼히 수록해 불편함이 없도록 구성했으니 하나하나 살펴보며 조금씩 구비하다 보면 익숙해져 있을 것입니다.

준비물이 꾸려지고 나면 직접 몸으로 스윙의 구조를 익혀야 합니다. '본격적인 골프 연습'에서는 클럽 없이 맨몸으로, 또는 탁구 라켓 등 소도구를 통해서도 연습할 수 있게 구성했습니다. 올바른 동작을 익힐 수 있도록 그립 잡는 방법, 어드레스 자세, 스윙의 구분 동작 등을 실제 사진으로 준비했습니다. 조금은 지겨워도 기초를 잘 다져 놓는다면 나중에는 좋은 스윙과 올바른 동작을 구현할 수 있습니다. 첫 연습이 느릴수록 스윙은 정확하고 탄탄해지며, 기술 습득도 빨라지게 됩니다. 골프 경험자들도 이 파트를 보며 기본 동작을 다시 연습해보세요. 단단한 골프를 만들 수 있습니다. 연습을 위한 부록으로 4주 연습 계획서를 첨부했으니 참고하시면 유용할 것입니다.

마지막 장인 '처음 필드 가는 날'에서는 골프장을 처음 방문하는 골린이들을 위해 골프장 도착부터 골프가 끝난 후까지의 상황 시뮬레이션, 규칙과 기본 용어, 매너 설명으로 구성했습니다. 스윙 기술을 다지는 것도 물론 중요하지만, 골프는 매너로 시작해 매너로 끝나는 운동이라는 점을 잊지 마세요. 또 혼자서 할 수 없는 스포츠인 만큼, 동반자와의 관계 구축을 위해서도 규칙과 매너는 아주 중요합니다.

책을 집필하면서 '4주'를 제목에 넣을지 말지 고민이 많았습니다. 왜냐하면 과연 4주 만에 초보자가 골프 코스에 나갈 수 있을지 확신이 서지 않았기 때문입니다. 4주 완성이라는 이름을 붙인 책이 참 다양하게 나옵니다만, 골프라는 분야에서 '4주 완성'이란 저에게 말도 안 되는 단어였습니다. '3개월, 6개월 완성'이라도 의심스러울 텐데 말이죠. 이렇게 어려운 골프를 '완성'한다니, 그것도 '3개월, 6개월' 만에요? 말도 안 되죠. 물론 어그로(관심)를 끌기 위한 마케팅 방법이라지만 도저히 이해할 수 없었습니다.

하지만 곰곰이 생각하다 보니, 예전에 대학 강의에서 15주 수업을 하고 라운드를 내보낸 기억이 났습니다. 학생에게는 더욱 어려운 일정이었죠. 중간고사, 기말고사를 빼고, 학교 행사로 빠지고, 개인 결석도 고려하면 15주 수

업이라고 해 봤자 연습 경험은 고작 10번 정도밖에 안 될 겁니다. 하지만 학생들은 라운드에 가서 사고 없이, 즐겁게 경험하고 왔습니다. 일반적인 경우와는 차이가 있겠지만, 그 경험을 생각하니 4주 동안 일주일에 2~3번, 매회 1시간 30분 정도 투자를 한다면 나갈 수 없는 것도 아니겠다는 생각을 하게 되었습니다. 그리고 결정적인 것은, 이 책의 목표는 '완성'이 아니라 골프의 시작을 열어주는 것에 있다는 것입니다. 골프 완성은 있지도 않고, 있을 수도 없습니다. 골프 첫걸음을 잘 딛고 나면 골프 스윙은 지속적으로 만들어가며 동반자와 자신의 즐거운 골프 생활을 누리면 됩니다

골프는 하루아침에 완성되거나 만들어지는 것이 아닙니다. 골프뿐만 아니라 우리 인생도 돌아보면 똑같습니다. 누가 과감하게 실행하고 지속적으로 배우며 즐기는가가 중요하죠. 책에 나와 있는 내용만 정확하게 숙지하시면 잘 배웠다는 소리를 들을 수 있다고 자부합니다. 자세가 좋다고 해서 공을 무조건 잘 치는 것은 아닙니다. 하지만 기본자세가 올바르게 나와야 다음을, 그리고 더 높은 곳을 기약할 수 있습니다. 굳이 완벽하지 않아도 자신만의 스윙 자세를 만들어가면서, 부상당하지 않고 즐기는 행복한 라운드를 응원합니다.

CONTENTS

프롤로그 행복한 라운드를 위한 4주 완성 골프   2

PART 1   **골프 시작하기 전**

골프장 부킹하기   골프장 홈페이지 예약   14
    SBS 골프 사이트
    카카오 골프 예약
    X-Golf 부킹사이트

골프 입문을 위한   기본 중의 기본, 장갑과 신발   18
준비물

라운드를 위해   골프 클럽   22
필요한 용품   헤드 커버
    골프 모자
    골프공
    보스턴 백
    골프 양말
    골프 파우치 백
    골프 티(Tee)와 볼 마크
    선글라스와 선크림
    볼 케이스와 그린 보수기(그린 포크)
    골프 지갑

예쁘고 편한   봄/가을 패션   28
골프 웨어 고르기   여름 패션
    겨울 패션
    골프 바람막이
    골프 우산

실내 연습장   비용   31
이용 방법
타석 이용기
클럽 대여
골프 라커

실외 연습장   비용   34
이용 방법
각종 시설

개인 스튜디오   36
스크린 골프   37
프로 선택하기   38

골프 클럽 알아보기   골프 클럽 구성과 명칭   39
우드
유틸리티 우드
아이언
아이언 세부 명칭
웨지
퍼터

클럽 선택하기   플렉스: 샤프트의 강도   45
샤프트의 소재
샤프트의 길이
로프트

골프 진도표   49

PART 2   **본격적인 골프 연습**

스윙 구간별 용어 알아보기	54

1주 차 1일   **손, 몸, 기본 움직임 익히기**   59

셋업: 기본 자세

회전: 맨손으로 연습하기

회전: 클럽으로 연습하기

골반의 움직임 확인하기

탁구 라켓으로 연습하기

핸드폰으로 연습하기

다 함께 움직여 골프 스윙 만들기

1주 차 2일   **골프 클럽 처음 잡기**   74

클럽 페이스 방향

클럽 페이스 클로즈

클럽 페이스 오픈

텐 핑거 그립

오버 랩 그립

인터락킹 그립

뉴트럴 그립

스트롱 그립

위크 그립

그립: 왼손 잡기

그립: 오른손 잡기

그립: 일관성 있게 잡기

손의 압력

그립 크기

코킹: 손목의 꺾임

코킹 타이밍

어드레스: 기본 서 있는 자세

스탠스: 다리의 보폭
정렬: 목표 방향과 기본 방향
오픈 스탠스
스퀘어 스탠스
클로즈 스탠스
공 위치

1주 차 3일   테이크어웨이와 L to L   92
테이크어웨이
L to L 스윙

2주 차 1일   백스윙   95
백스윙 탑

2주 차 2일   다운스윙, 임팩트, 릴리즈   97
다운스윙: 클럽을 내리는 동작
임팩트: 공이 맞는 구간
릴리즈 때의 올바른 손 모양

2주 차 3일   팔로우스루, 피니시   102
팔로우스루: 임팩트 이후, 마무리까지
팔로우스루 교정을 위한 연습
피니시: 마지막 동작
체중 이동 연습

3주 차 01　　　**루틴**　　　　　　　　　108
연습 스윙
목표 방향 설정하기

3주 차 02　　　**쇼트게임**　　　　　　　112
피치 샷
칩 샷
벙커 샷

3주 차 03　　　**퍼팅**　　　　　　　　　122
퍼터 어드레스
퍼터 그립 잡기
스트로크: 공 보내기

3주 차 04　　　**롱게임**　　　　　　　　128
롱게임의 주 무기, 드라이버와 아이언
어센딩·디센딩 블로우

PART 3   **처음 필드 가는 날**

골프장 첫 방문   골프장 클럽하우스 도착   134
                    프런트
                    라커룸
                    라운드 나가기 전 마지막 준비
                    라운드 출발!
                    라운드가 끝난 후

골프 코스 구성   티잉 그라운드   138
                    그린 홀
                    경기장 구성
                    해저드(함정)

골프 기본 규칙   골프 점수 이름 알아보기   140
알아보기   골프 점수 계산법
                    스코어카드 알아보기
                    코스레이팅과 슬로프레이팅
                    핸디캡 계산
                    기록자

골프 초보자가 알아야 할 매너 50가지   144
초급자를 위한 골프 용어   150
초급자를 위한 골프 속어   161

PART

1

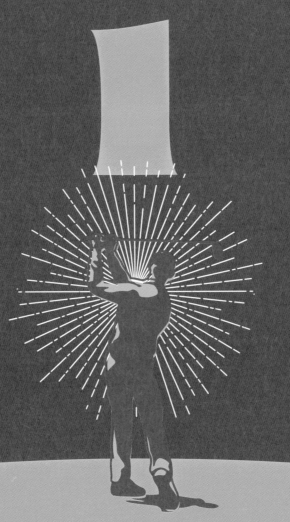

골프 시작하기 전

골프장 부킹하기

제대로 된 목표가 없으면 동기 부여가 힘들겠죠? 우선 한 달 뒤의 날짜로 골프장을 부킹해 두고, 준비물을 사고 스윙을 연습해도 충분합니다. 골프장 홈페이지에 직접 들어가 예약하거나 골프 부킹 사이트, 또는 부킹 매니저를 통해 예약할 수 있습니다.

골프장 홈페이지 예약

골프장마다 홈페이지에 자체 예약 시스템이 있습니다. 예약 메뉴에서 로그인하고 자신이 원하는 날짜와 시간을 선택해서 예약하시면 됩니다. 보통 2주~4주 후까지 활성화되어 있습니다.

SBS 골프 사이트 golf.sbs.co.kr

사이트에 들어가면 가장 먼저 지역이 나옵니다. 원하는 지역을 선택하면 현재 예약 가능한 골프장이 나오고 시간과 비용이 함께 표시됩니다. 로그인하고 원하는 골프장을 선택하면 됩니다. 라운드 조인과 양도 기능도 있으니 편리하게 사용할 수 있습니다.

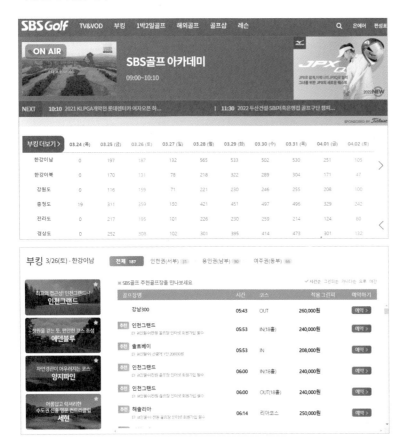

카카오 골프 예약 www.kakao.golf

휴대폰 어플이라 간편하고, 특히 카카오톡 계정으로 통합 로그인이 가능해 매 번 로그인을 하지 않아도 된다는 장점이 있습니다. AI를 통해 시간, 가격, 요일, 지역에 따른 골프장도 추천해 줍니다. 원하는 시간에 티타임이 없다면 '티타임 청약하기'로 예약할 수 있고, 예약 기능 외에도 지금 내 위치에서 골프장까지 걸리는 시간을 알려주는 등 부가 기능도 풍부합니다.

X-Golf 부킹사이트 www.xgolf.com

부킹 사이트는 어딜 가나 크게 다르지 않습니다. 홈페이지에서 부킹을 선택해 들어가면 자신이 원하는 지역, 장소, 날짜, 시간을 확인하고 예약할 수 있습니다. 직관적으로 디자인되어 있어서 어렵지 않게 예약할 수 있습니다.

골프 입문을 위한 준비물

라운드 예약을 완료했으니 이제는 골프를 시작하기 위해 필요한 준비물, 연습장 종류 그리고 프로 선택 방법에 대해 알아보겠습니다.

기본 중의 기본, 장갑과 신발

장갑과 신발은 연습장, 코스 구분할 것 없이 꼭 필요한 필수 준비물입니다. 장갑을 착용하는 이유는 땀으로 인한 미끄럼 방지와 피부 손상을 줄이기 위해서입니다. 여성용은 으레 그렇듯 양쪽을 모두 판매하지만, 남성용은 왼손 한쪽만 판매합니다. 보통 여성은 18호, 남성은 22~23호를 사용하는데, 상세페이지의 사이즈를 잘 보고 각자 손 크기에 맞는 제품을 구매하면 됩니다.

여성용   남성용

골프화도 중요하죠. 정확한 스윙을 위해서는 하체에 흔들림이 없어야 하는데, 그를 위해서는 발가락이 아프지 않은 가볍고 편안한 신발을 신어야 합니다. 라운드를 소화하다 보면 발에 피로가 쌓이고, 스윙을 하면서도 발이 상당한 압력을 받거든요. 또 잔디에 맺힌 습기가 골프화에 스며들기 때문에 방수와 통풍도 잘 되어야 하지요. 골프화에는 스파이크와 스파이크리스가 있습니다. 젖어있는 잔디는 미끄럽기 때문에 스파이크 골프화가 접지력 면에서 우수합니다. 그러나 스파이크 유무가 스윙 동작에 큰 영향을 미치지는 않으니, 본인에게 편한 걸로 고릅니다.

스파이크

스파이크리스

골린이를 위한 Lak's 꿀팁!

골프 장갑은 왜 한쪽 손에만 착용할까요?
골프 경기를 보다보면, 장갑을 한쪽만 사용하고 있는 걸 발견하실 거예요. 처음 골프를 접하는 초보자들은 장갑을 구매하러 갔는데 한 짝만 줘서 당황하는 경우도 있습니다. 장갑이라 함은 양손을 위한 것일 텐데, 왜 골프 장갑은 한쪽만 쓰는 걸까요?

골프의 역사를 거슬러 올라가면, 초기의 골프 클럽과 공은 모두 나무를 깎아 만들었습니다. 무거운 나무 클럽으로 나무 공을 치니 충격이 손으로 고스란히 전달되었겠죠. 그래서 부상 방지를 위해 그립은 두껍게 만들고, 장갑도 착용하게 된 것입니다. 이제는 기술의 발달로 가벼운 클럽을 사용하고 있지만, 클럽으로 공을 치다보면 여전히 손의 피부가 손상됩니다. 장갑을 끼고 있어도 어느 정도 감수해야 하는 부분입니다. 오히려 연습의 훈장이라고 할 수 있겠지요.
그럼 왜 왼손에 착용하느냐고요? 오른손잡이 골퍼를 기준으로, 왼손이 오른손보다 손바닥 전체와 손가락을 사용해서 골프 클럽과 접촉하는 면적이 넓기 때문입니다. 가능한 많은 면적을 이용해 마찰력을 얻지요. 또 왼손은 클럽과 수직이 아니라 사선으로 놓여 피부와 마찰하는 부분이 크고, 부상 위험도 덩달아 커집니다. 장갑을 착용하게 되면 피부 손상도 줄어들고, 상대적으로 압력을 적게 받아 부담을 덜어주는 효과를 얻을 수 있습니다.

또 손에 땀이 나면 미끄러지기 쉬워서 장갑을 착용해 그립을 견고하게 잡기 위함이기도 합니다. 평소에 손에 땀이 많지 않더라도, 스윙 연습을 하다 보면 땀이 나기 마련이니 장갑 착용을 추천합니다.

그럼, 왜 오른손은 장갑을 끼지 않을까요?

우선, 오른손은 그립을 3, 4번째 손가락에 걸쳐서 잡으므로 손 힘이 목표 방향과 수평을 이룹니다. 샤프트의 반작용이 오른손에는 수직으로 전해져 피부 손상이 발생하지 않는 것이지요. 다만, 스윙의 방향이 잘못된 경우 오른손에 물집이 생기는 경우가 발생합니다. 또한 골프 스윙은 아주 짧은 순간에 일어나기 때문에 자신의 '느낌'을 만드는 것이 중요합니다. 그런데 오른손에 장갑을 끼면 손의 감각을 둔하게 만듭니다. 오른손이 샤프트에 밀착해야 정교한 감각을 느끼고 조절하기에 유리한데 말이에요. 즉, 오른손에 장갑을 끼지 않는 이유는 통제력과 느낌을 얻기 위해서인 것이지요. 다만 여성 골퍼는 비교적 악력이 약해 양쪽을 모두 착용합니다.
사진으로 손과 클럽의 위치를 살펴보세요.

왼손 그립 잡기

오른손 그립 잡기

양손 그립 잡기

경기를 보다보면 프로든 아마추어든 장갑을 벗고 퍼팅할 때가 많습니다. 왜 그럴까요?
일부는 프로가 그렇게 하니 별 생각 없이 모방하겠지만, 기본적으로 퍼팅 때 자신의 '느낌'을 중요하게 생각해서 하는 행동입니다. 퍼팅은 심리적인 영향이 아주 크기 때문에 자신의 느낌을 더욱 믿는 경향이 있고, 무엇보다 감각이 중요하니까요. 물론 장갑을 끼고 하는 선수도 있습니다.
그럼, 이런 질문도 할 수 있습니다. 골프 경기에서 꼭 장갑이 필수일까요?
의무적으로 착용해야 한다는 규정이 있는 것은 아닙니다. 프로 선수 중에서도 장갑을 착용하지 않는 경우를 흔히 볼 수 있습니다. 대표적인 선수가 PGA 프레드 커플스, 로버트 스트랩 선수, LPGA 로레나 오초아 선수입니다. 지금도 인기가 많지만 프레드 커플스는 한때 타이거 우즈만큼이나 실력도 좋고 부와 명성을 얻었던 선수인데, 어려운 시절 장갑을 구매할 돈이 없어 장갑을 착용하지 못했던 것이 습관으로 이어진 경우입니다. 오초아 선수도 은퇴하기 전 세계랭킹

1위까지 올랐던 실력파 선수입니다. 이 사례를 보면 장갑 착용이 실력과 그리 관련이 크지 않다는 걸 아시겠지요?

한 가지 더 팁을 드리자면, 그립에도 두 종류가 있습니다. 실 그립은 잘 미끄러지지 않지만 딱딱해 조금 아프다는 단점이 있습니다. 고무 그립은 부드럽지만 땀에 젖거나 비를 맞으면 미끄럽다는 단점이 있습니다. 두 제품의 장점을 혼합한 것도 사용하기 좋습니다. 여러 종류를 체험해 보고 나에게 맞는 것을 선택하세요.

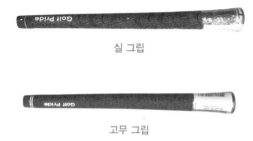

실 그립

고무 그립

라운드를 위해 필요한 용품

실제 라운드에 나갈 때는 아무래도 연습장보다 준비할 용품이 많은데요,
하나씩 차근차근 확인해 보겠습니다.

골프 클럽

드라이버부터 아이언, 퍼터까지 14개 이내의 세트로 구성합니다. 클럽 세트를
담은 가방을 골프 백, 또는 캐디 백이라고 합니다.

헤드 커버

골프 클럽의 헤드(머리) 부분을 감싸 보호합니다. 최근에는 드라이버, 우드뿐만
아니라 아이언 헤드에도 커버를 많이 씌우는 추세입니다.

드라이버　　　　　　　　　우드

아이언

골프 모자

패션을 위해 쓰기도 하지만, 자외선 차단 및 동절기 추위 방지를 위한 필수
용품입니다.

골프공

초보일 때는 공을 많이 잃어버리기 때문에 비싼 브랜드 볼보다는 저렴한 로스
트 볼 이용을 추천합니다. 라운드를 나갈 때는 항상 여유 있게 공을 챙기세요.

로스트 볼

브랜드 볼

보스턴 백

라운딩에 필요한 골프복, 속옷, 신발, 골프화 등을 챙기는 큰 가방입니다.

골프 양말

일반 양말보다 두껍습니다. 발이 아프지 않고 편안한 것으로 고릅니다.

골프 파우치 백

지갑, 핸드폰, 선크림 등 라운드 시 몸에 붙이고 다녀야 하는 것들을 보관하는
약간 작은 크기의 가방입니다.

골프 티(Tee)와 볼 마크

티는 티 박스에서 티 샷(첫 번째 샷)을 위해 공을 올려놓는 데 사용됩니다. 볼
마크는 그린에서 공을 주울 때 공이 놓여 있던 위치를 표시하는 물건입니다.

골프 티

볼 마크

선글라스와 선크림

햇빛으로부터 눈과 피부를 보호하기 위한 필수 아이템입니다.

볼 케이스와 그린 보수기(그린 포크)

볼 케이스는 2개 정도 여분의 공이 들어가는 사이즈로, 벨트에 차는 형태가 많습니다. 골프 웨어의 주머니가 깊지 않은 여성들에게 유용합니다. 그린 보수기는 그린에 공이 떨어졌을 때 생긴 자국을 보수하는 도구입니다.

골프 지갑

보스턴 백에 돈과 함께 항상 준비해 두면 좋습니다. 캐디 피는 꼭 현금으로 정산하거든요.

이 외에도 하프 백, 속옷, 여성용 큰 타월 등 다양한 준비물이 있지만, 한꺼번에 마련하려고 서두를 필요는 없습니다. 라운드를 나가며 필요한 것들을 체크해 두었다가 차근차근 준비하면 됩니다.

예쁘고 편한
골프 웨어 고르기

골프는 사계절 즐길 수 있는 스포츠입니다. 계절별 옷과 비 오는 날, 바람이 부는 날 등
날씨에 따라 준비해야 하는 옷을 알아보겠습니다.

봄/가을 패션

봄과 가을에는 일교차가 심하니 얇은 옷을 겹쳐 입으세요.

여름 패션

더운 계절이므로 활동하기 편안하고 통풍이 잘되는 옷을 고릅니다. 특히 방수, 발수 등 기능성이 더해진 의류가 좋습니다.

겨울 패션

춥다고 해서 무작정 두껍게 입는 것은 피해야 합니다. 스윙 등 행동을 둔화시킬 수 있기 때문이지요. 얇아도 보온이 잘되고 신축성이 뛰어난 제품을 고릅니다.

골프 바람막이

바람막이는 봄, 가을 변덕스러운 날씨에 유용하게 사용할 수 있습니다. 비옷 겸용으로 나오기도 합니다.

골프 우산

방수는 물론이고 자외선 차단 기능을 갖춘 것으로 고릅니다. 야외에서 하는 스포츠이니만큼 항상 골프 백에 챙겨두세요.

실내 연습장

초보자는 라운드에 나가기 전, 연습장에서 충분히 연습해야 합니다. 자신의 집 또는 회사 근처, 접근이 쉽고 편리하게 이용 가능한 곳을 선택합니다. 연습장은 복장 제한이 엄격하지 않지만, 남성의 경우 민소매, 여성은 노출이 심한 옷은 자제합니다.

비용

실내 연습장은 기본 일일권으로 판매하는데, 보통 만 원입니다. 하지만 개월 단위로 하면 저렴하고 시간제한도 없습니다. 또 장기권을 구매하면 교습이 포함되기도 합니다. 장기권 없이 교습만 원하면 30분에 20~25만 원으로 가능하며 원하는 횟수를 지정하면 됩니다. 다만 지역별로 차이가 있으니 미리 확인하고 방문하세요.

이용 방법

실내 연습장은 정해진 타석이 없고, 빈 타석을 자유롭게 이용하면 됩니다. 스크린이나 표적을 향해 공을 칩니다.

타석 이용기

타석 앞에 있는 기기입니다. 화면에 타석 이용 시간과 친 공의 개수가 뜨고, 버튼으로 공의 높낮이 조절(드라이버 샷의 경우)이 가능합니다.

클럽 대여

입문자를 위해 실내외 연습장에서는 아이언, 드라이버 등 클럽을 대여하고 있습니다. 로스트 볼과 장갑도 판매하고 있으니 라운드에 나가기 전 미리 구매해도 좋겠습니다.

골프 라커

골프 실내외 연습장에는 클럽을 넣어둘 수 있는 라커가 있습니다. 이미 클럽이 있다면 여기에 보관하셔도 좋아요.

실외 연습장

실외 연습장은 도심보다는 근교에 자리한 편입니다. 동네마다 하나씩 있는 실내 연습장에 비하면 접근성은 떨어지지만, 야외에서 자신의 구질을 직접 확인할 수 있다는 장점이 있고, 상주하는 프로가 있어 교습을 받기도 쉽습니다.

비용

실외 연습장 이용 요금은 타석 이용 시간에 따라 다릅니다. 제가 이용하는 곳은 70분에 1만 7천 원, 100분 2만 원이며 교습 비용은 25~30만 원(30분/6회 기준)입니다. 지역에 따라 다양하니 꼭 확인하고 방문하세요.

이용 방법

실외 연습장은 실내 연습장과 달리 지정된 타석에서만 이용이 가능합니다. 프런트에서 개별 타석 이용권을 구매해 자리 배정을 받은 후 이용합니다.

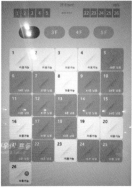

각종 시설

실외 연습장도 실내 연습장과 마찬가지로 드라이버, 아이언 등 클럽 대여가 가
능하고 개인 클럽을 보관하는 라커도 있습니다. 타석 이용기도 물론 설치되어
있습니다.

개인 스튜디오

개인 스튜디오에서는 아무에게도 방해받지 않고 온전히 1:1 강습을 받을 수 있죠. 보통 최신 장비를
보유하고 있어 실외 연습장처럼 자신의 구질 확인도 가능하고, 각종 데이터를 기반으로
자신의 스윙 모습을 분석하며 체계적인 교습을 받을 수 있습니다.
이용 요금은 3만 원, 교습 비용은 8~12만 원(50~60분/1회 기준) 정도로 다소 비싼 편입니다.
클럽 대여도 가능합니다.

스크린 골프

스크린 골프는 교습보다는 여러 명이 골프 게임을 즐기기 위한 장소입니다.
물론 교습도 가능하고 클럽, 장갑, 신발, 옷도 갖춰져 있습니다. 이용 요금은 18홀 기준으로
1~3만 원 정도입니다. 요금은 시간과 지역에 따라 다르니 확인 후 방문하세요.

골린이를 위한

Lak's Tip!

골프 연습장은 타인과 공동으로 사용하는 장소입니다. 다음 세 가지 기본
수칙을 꼭 유념하세요.

첫 번째, 클럽을 휘두르기 전에 항상 주변에 사람이 있는지 확인합니다. 클럽
을 들고 있지 않은 사람은 클럽을 들고 있는 사람을 항상 조심해야 합니다.
타석을 지나다닐 때 특히 주의하세요.

두 번째, 준비 운동과 마무리 운동은 빼놓지 마세요. 부상 방지를 위한 필수
요소입니다.

세 번째, 타석에서 큰 소리로 떠들거나, 전화하지 않습니다. 남의 집중을 흐트
러뜨릴 수 있어요. 골프는 매너에서부터 시작합니다.

프로 선택하기

골프 초보자는 모든 것이 처음이고 생소해 프로, 즉 레슨 선생님 선택도 어렵습니다.
프로 선택 기준이 없으니 당연한 일이지요. 비용과 기간을 정하기에 앞서, 목표를 분명히 설정합니다.
입문~초보자에게 어울릴 만한 목표로는 '깨백(100타 / 백돌이 깨기)', '보기 플레이 탈출' '싱글 플레이' 등이
있습니다. 즐겁게 사람들과 즐기는 정도인지 아니면 싱글을 목표로 하는지에 따라 교습의 내용과
기간이 달라지겠지요.

프로를 선택할 때는 무료 포인트 레슨이나 상담을 적극 활용하세요. 이 과정에
서 프로의 교습 철학, 소통 방식, 공감 능력, 목표 방향, 약속 시간을 잘 지키는
지 여부 등을 파악합니다.

프로는 자신을 적극적으로 드러내는 사람이어야 합니다. 즉 자신의 확실한 교
습 철학을 가지고 소비자(교육생)를 설득할 수 있어야 하며, 목표 방향으로 소
비자를 어떻게 이끌고 갈지 어필하는 신뢰감 있는 사람으로 고르세요.

실내 연습장은 보통 상주 프로가 오전, 오후 각 1명이라 선택의 여지가 없습니
다. 하지만 요즘은 동시간대에 여러 명의 프로를 운용하는 곳도 생기고 있어 상
담을 통해 자신에게 맞는 프로를 선택할 수 있습니다. 실외 연습장은 다수의 프
로가 상주하고 있어 좀 더 다양한 선택지를 둘 수 있고요. 개인 스튜디오는 대
부분 프로가 직접 운영하고 레슨도 합니다. 비용이 부담되는 경우, 지도 형태를
1:2, 1:4 등 그룹 레슨으로 조정하면 절감할 수 있습니다.

골프 클럽 알아보기

골프 용품 중에서 가장 중요하다 할 수 있는 클럽을 알아보겠습니다.

TIP 골프 규칙에서는 라운딩에 들고 나가는 골프 클럽을 기본 14개로 제한합니다. 일반 경기에서까지 엄격하게 지킬 필요는 없지만, 그래도 만약 개수가 넘는다면 동반자에게 미리 이야기하는 것이 매너입니다.

골프 클럽 구성과 명칭

골프 클럽의 종류는 아주 다양하고, 또 각 종류 안에서도 나름의 기준에 따라 번호나 이름을 붙여 구분합니다.

우드(Wood)	1번(드라이버)	3번(스푼)	5번(클리크)
유틸리티(Utility)	3, 4번 아이언 대용으로 사용		
아이언(Iron)	4번~9번		
웨지(Wedge)	피칭(P, Pitching), 갭(P/S, Gap), 샌드웨지(S, Sand)		
퍼터(Putter)	블레이드(Blade), 말렛(Mallet)		

골프 클럽은 크게 그립, 샤프트 그리고 헤드로 구성됩니다.

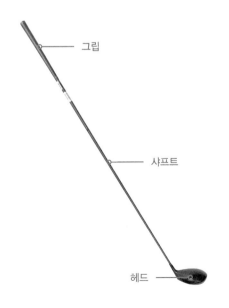

그립

샤프트

헤드

클럽 헤드의 세부적인 명칭은 다음과 같습니다. 사진은 드라이버입니다.

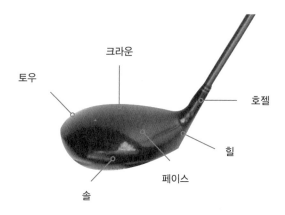

우드

초기 골프 클럽을 나무로 만들던 데서 비롯한 이름입니다. 샤프트가 길고 헤드가 커서 먼 거리를 보낼 때 사용합니다. 특히 1번 우드는 드라이버라고도 부르며, 첫 샷을 할 때 사용합니다.

유틸리티 우드

유틸리티는 '변형'이라는 뜻인데요, 우드와 아이언의 장점만 모아 둔 클럽입니다. 아이언보다는 헤드가 커서 먼 거리를 보낼 수 있고, 우드보다는 짧아 치기가 편합니다. 중심이 뒤에 위치해 공을 띄우기도 쉽고, 쓸어치는 뒤땅의 느낌도 덜합니다. 유틸리티가 대중화되면서 우드 대부분과 롱 아이언(3·4·5번)이 사라지는 추세입니다.

아이언

골프 백에 가장 많이 담기는 종류입니다. 정확한 위치에 공을 떨어뜨리고 싶을 때 사용합니다. 아이언은 주로 4번부터 9번까지 사용하는데, 최근에는 4번 아이언도 치기가 어려워 5번부터 시작합니다. 숫자가 높을수록 클럽이 짧고 로프트, 즉 클럽 페이스의 각도가 누워 있어서 멀리 나가지 않습니다. 곧 숫자가 낮은 5번 아이언이 멀리 나가고, 가장 높은 9번 아이언은 짧게 나간다는 뜻입니다.

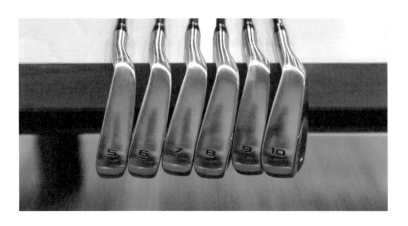

아이언 세부 명칭

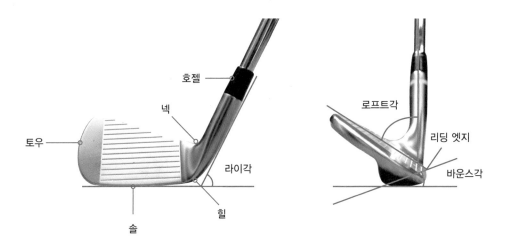

호젤
넥
토우
라이각
힐
솔

로프트각
리딩 엣지
바운스각

웨지

웨지는 아이언의 일종인데, 아이언보다는 헤드가 조금 더 넓적해 짧은 거리를 보내는 쇼트게임에서 주로 사용합니다.

각도에 따라 피칭웨지(P, Pitching), 갭웨지(P/S, Gap), 샌드웨지(S, Sand)로 구분하고, 자신의 웨지 로프트각과 거리(비거리·보내야 하는 거리)를 정확히 알아야 웨지 클럽 종류를 올바르게 구성할 수 있습니다.

웨지 클럽은 세 종류를 한 세트로 보는데요, 이중 피칭웨지는 로프트가 작아 가장 먼 거리를 보낼 때 씁니다. 장애물이 없고 평탄한 지형에서 쓰는 것이 좋습니다. 샌드웨지는 샌드(Sand)라는 이름에서도 알 수 있듯 벙커에서 주로 사용하고 거리에 따라 페어웨이에서도 사용합니다. 웨지 중 공을 가장 높이 띄웁니다. 갭웨지는 피칭웨지와 샌드웨지의 로프트 차이를 채우기 위한 클럽입니다.

클린이를 위한

Lak's Tip!

이 세 종류의 웨지 중 샌드웨지(로프트각 56°)는 필수. 각 클럽별로 4° 또는 6° 차이가 나게 구성합니다. 예를 들어 44° 피칭웨지, 50° 갭웨지, 56° 샌드웨지가 되는 방식입니다. 48° 피칭웨지, 52° 갭웨지, 56° 샌드웨지가 될 수도 있겠지요.

TIP 각 클럽별 비거리는 100야드가량 차이납니다.

퍼터

퍼터는 그린에서 공을 굴려 홀에 넣는 용도입니다. 가장 기본적인 일자형 퍼터인 블레이드와 반달형 퍼터인 말렛으로 구분합니다. 블레이드는 거리 조절에 유리하나 예민해 다루기가 쉽지 않습니다. 말렛은 어드레스 시 안정감이 좋고 방향을 설정하는 데도 유리하지만 거리감을 가늠하기 어렵다는 단점이 있습니다.

블레이드

말렛

클럽 선택하기

클럽 선택 기준을 딱 하나만 꼽자면 '가벼움' 입니다. 성별, 나이도 상관없습니다. 연습장과 다르게
코스에 나가면 긴장이 되고, 후반으로 갈수록 체력이 떨어지기 마련이지요. 클럽이 무거우면
스윙이 제대로 나올 수가 없습니다. 가격도 중요한데, 비싼 클럽이 무조건 좋은 것은 아닙니다.
자신의 몸에 적합한지가 가장 중요합니다.

플렉스: 샤프트의 강도

클럽은 크게 헤드, 샤프트, 그립으로 나눠진다고 말씀드렸습니다. 그중에서 스
윙의 엔진 역할을 하는 샤프트 강도에 대해 알아보겠습니다. 대부분의 클럽 제
조 업체는 플렉스(Flex), 탄력성을 5단계로 구분하여 만듭니다. 일반적으로 플
렉스의 유형은 스윙에 필요한 힘에 따라 달라지는데요, 강력한 스윙에는 플렉
스, 즉 휘어짐이 적은 샤프트가 필요합니다. 반면 속도가 느리고 힘이 약한 골
퍼는 원심력으로 약간의 킥을 얻거나 구부러지는 것이 좋으므로 탄력성이 좋
은 샤프트가 적당합니다.

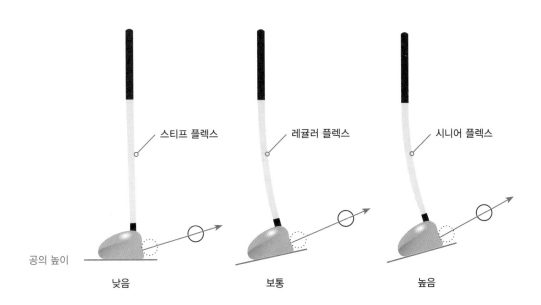

아래 표를 확인하고 본인과 맞는 걸 골라보세요. 연습장에서 클럽을 대여해 연습한 후 본인의 실력에 맞게 선택하면 되겠습니다.

플렉스	선택 기준
레이디 플렉스(L) Lady 또는 Light Flex	드라이버 스윙 스피드 75mph이하이고 비거리가 1800야드 이하 ▶1500야드 기준 3번 아이언 또는 우드를 사용
시니어, 아마추어 플렉스(A) Amateur Flex	드라이버 스윙 스피드 75–85mph이고 비거리가 180–2100야드 ▶1500야드 기준 4번 아이언을 사용
레귤러 플렉스(R) Regular Flex	드라이버 스윙 스피드 85–95mph이고 비거리가 210–2400야드 ▶1500야드 기준 5번이나 6번 아이언을 사용
스티프 플렉스(S) Stiff Flex	드라이버 스윙 스피드 95–105mph 비거리가 240–2600야드 ▶1500야드 기준 6번이나 7번 아이언을 사용
엑스트라 플렉스(X, XS) Extra Stiff Flex	드라이버 스윙 스피드 105mph 이상이고 비거리가 2600야드 이상. ▶1500야드에서 8번이나 9번 아이언 사용

플렉스는 샤프트의 중간에 새겨진 S, SR, R, L 등의 표시로 알 수 있습니다.

샤프트의 소재

스틸은 철로 만든 제품입니다. 그래파이트에 비해 무겁고 탄성과 반발력이 적습니다. 하지만 거리가 일정하고 방향성이 정확해 프로와 상급자들이 사용합니다. 최근에는 기존의 장점을 살리면서도 무겁다는 단점을 보완한 경량 샤프트가 출시되어 점점 많은 골퍼가 이용하는 추세입니다.

그래파이트는 카본, 즉 탄소섬유로 만들어졌는데요, 가볍고 탄성이 좋아 비거리가 많이 나간다는 장점이 있습니다. 그래서 여성, 시니어 골퍼가 사용하기 좋습니다. 기술의 발달로 거리 안정성도 보완되었죠. 단, 스틸 샤프트보다 가격이 높습니다.

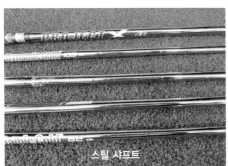

스틸 샤프트

그래파이트 샤프트

샤프트의 길이

한참 짧아지던 샤프트가 요즘은 다시 길어지는 경향을 보이고 있는데요, 길다고 해서 멀리 나가는 것이 아닙니다. 표준 규격을 사용하고 중심에 공을 잘 맞춰야 비거리와 정확성이 높아지는 것이지요. 스틸 샤프트는 그래파이트보다 0.5~1인치 짧고, 남성 클럽은 여성 클럽보다 1인치 길다고 보시면 됩니다. 아래 표는 여성 기준으로 정리한 것입니다.

클럽	그래파이트 길이
드라이버	43.5~44인치
3번 우드	42~42.5인치
5번 우드	41인치
5번 아이언	37인치
7번 아이언	36인치
피칭웨지	35인치

로프트

로프트는 클럽 페이스의 각도입니다. 샤프트와 페이스가 이루는 각도로 측정하지요. 쉽게 말하면 클럽의 헤드가 얼마나 누워 있는지를 보여줍니다. 로프트가 작을수록 비거리가 멀리 나갑니다. 플렉스마다 적절한 각도가 있습니다.

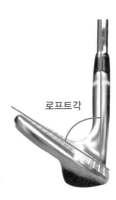

로프트각

샤프트 플렉스	로프트
L	13~15°
A	13°
R	12°
S	10~11°
X, XS	10° 이하

골프 진도표

직장에 다니는 골린이들을 위해, 주 3회 기준으로 총 4주간의 코스를 짰습니다. 하루 한 시간 반 정도의 연습 분량입니다. Part 1에서 말한 것처럼 미리 부킹을 한 다음, 진도표를 따라 진행하세요. 2일 차부터는 전 회차에 했던 내용을 꼭! 복습해야 합니다.

	1일	2일	3일
1주 차	☐ 셋업 ☐ 회전 연습 ☐ 탁구 라켓 연습 ☐ 핸드폰 연습	☐ 1일 차 반복 ☐ 그립 잡기 ☐ 어드레스 ☐ 스탠스 ☐ 정렬	☐ 1일 차 반복 ☐ 2일 차 반복 ☐ 테이크어웨이 ☐ L to L 연습
2주 차	☐ 1주 차 반복 ☐ 백스윙 탑	☐ 1주 차 반복 ☐ 2주 차 1일 반복 ☐ 다운스윙 ☐ 임팩트	☐ 1주 차 반복 ☐ 2주 차 1일 반복 ☐ 2주 차 2일 반복 ☐ 팔로우스루 ☐ 피니시
3주 차 *******	☐ 1주 차 반복 ☐ 2주 차 반복 ☐ 루틴 연습 ☐ 쇼트게임* ☐ 롱게임**	☐ 1주 차 반복 ☐ 2주 차 반복 ☐ 루틴 연습 ☐ 쇼트게임 ☐ 롱게임	☐ 1주 차 반복 ☐ 2주 차 반복 ☐ 루틴 연습 ☐ 쇼트게임 ☐ 롱게임
4주 차	☐ 종합연습 ☐ 쇼트게임 ☐ 롱게임 (빈 스윙****)	☐ 종합연습 ☐ 쇼트게임 ☐ 롱게임 (빈 스윙)	☐ 종합연습 ☐ 쇼트게임 ☐ 롱게임 (빈 스윙)

* 쇼트게임은 L to L 스윙을 기반으로 20~100m 거리에 짧게 보내는 샷입니다.

** 롱게임은 긴 클럽으로 치는 샷으로, 드라이버와 3번 우드를 집중적으로 연습합니다. 3번 우드는 바닥과 티에 올려놓고 모두 연습하세요.

*** 3주 차부터 롱게임과 쇼트게임을 연습하는 이유는 이 두 스윙 방법에 특별한 차이가 없기 때문입니다. 곧 하나의 스윙이 롱, 쇼트게임을 포함하고 있는 것이지요. 또 1, 2주 차 연습을 반복하는 것이기도 합니다. 중요한 부분은 연습을 꾸준히 반복하는 것입니다. 또한, 공을 치는 것보다도 연습 스윙, 즉 빈 스윙에 많은 시간을 투자하세요.

**** 공을 두고 치게 되면, 공을 똑바로 보내려고 자신도 모르게 어깨나 손을 무리하게 사용하거나, 배를 내미는 등 잘못된 자세를 취하게 됩니다. 스윙의 틀을 제대로 잡기 위해서는 많은 공을 치기보다는 공 없이 하는 빈 스윙을 추천합니다. 공 없이 하는 연습은 분명 재미없고 지루하지만, 효율적인 스윙, 일관성 있는 스윙을 구축할 수 있습니다. 또 연습할 때는 속도를 올려 빠르게도 해보고 슬로 모션처럼 하나하나 천천히, 스윙 동작 하나에 1분 정도 걸릴 정도로도 진행해보세요. 정확한 동작을 몸에 익히고 속도도 향상시킬 수 있습니다.

골린이를 위한 Lak's 꿀팁!

골프 시작하기

골프를 배우는 과정은 사람마다 조금씩 다릅니다. 처음부터 공을 칠 수도 있고, 자세를 먼저 익힌 후에야 공을 칠 수도 있지요. 개인적으로는 처음부터 공을 치는 것을 선호합니다. 자세는 분명 중요하지만, 골프는 결국 공을 치기 위한 운동이기 때문에 '똑딱이'나 자세만 반복하다보면 지루하고 재미없기 때문입니다. 진도표도 꼭 따라 해야 하는 커리큘럼이라기보다는 계획에 따라 꾸준히 실천하고, 재미를 붙여 실력을 향상하고 점검하는 의미가 있습니다.

4주 동안 가장 중요한 것은 꾸준히 하는 것입니다. 꼭 연습장에 가서 공을 치지 않아도, 핸드폰이나 탁구 라켓 등 소품으로도 연습할 수 있습니다. 단, 전 회차에 배운 것을 반복해서 연습하는 것은 잊지 않도록 하세요.

똑딱이, 골프 초보자에게 필요할까요?

골프 똑딱이를 알고 계신가요? 벽시계에 달린 추가 움직이는 동작, 곧 펜듈럼(Pendulum)처럼 진자운동과 비슷한 작은 스윙입니다.

예전엔 골프를 처음 배우면 무조건 골프 똑딱이를 시켰습니다. 그것도 3개월 정도를 말이죠. 사실 지겹습니다. 여러분, 생각해보세요. 골프를 하면 공을 딱! 시원하게 치고 싶은 게 본능인데, 30-60cm 사이에서 작은 스윙만 하면 얼마나 답답하겠습니까.

저 역시 초보 시절 이렇게 배웠지만, '나중에 사람을 가르칠 일이 생기면 나는 절대로 안 시켜야겠다'는 생각까지 했고 실제로도 그 다짐을 지키고 있습니다. 한번은 상담하러 온 수강생이 똑딱이부터 가르치냐고 묻기에 초보든 경력자든 똑딱이부터 시작하지는 않는다고 말했더니 바로 강의를 신청하더라고요. 그만큼 싫었다는 뜻이겠지요.

또 한번은 골프 경력 25년 된 지인이 교습을 받으러 갔는데, 20대 프로가 자신에게 똑딱이를 시켜 당황했다고 한 적도 있습니다. 그럼 왜, 초보 골퍼나 구력이 어느 정도 된 골퍼에게도 자꾸 똑딱이를 시키는 걸까요?

골프 교습을 하다보면, 공을 잘 맞히지 못하는 사람이 있습니다. 그럼, 스윙의 크기를 줄여 공을 맞히게 해야 합니다. 공이 안 맞으면 흥미도 떨어지고, 무엇보다 공을 맞히려고 적절하지 않은 자세를 취하게 되거든요. 바로 이때 스윙의 크기를 줄인 똑딱이가 필요한 것이죠.

보통 똑딱이를 하면 손과 손목만을 사용해 공을 칩니다. 머리도 고정하죠. 하지만 이렇게 하면 동작 효율도 떨어지고 올바른 스윙을 구축하기 어렵습니다. 똑딱이를 활용하려면 스윙의 기초 단계를 똑같이 따라야 합니다. 똑딱이는 결국 가장 작은 스윙이니까요. 손으로만 스윙하는 게 아니라 몸, 클럽이 유기적으로 같이 움직여야 합니다.

골프 똑딱이는 필요합니다. 단, 공을 맞히는 것에만 집중하는 똑딱이가 아니라 스윙을 구축하는 단계로써 말입니다. 큰 똑딱이든 작은 똑딱이든 클럽과 손, 그리고 몸이 유기적으로 움직여야 한다는 것을 잊지 마세요.

PART
2

본격적인 골프 연습

스윙 구간별 용어 알아보기

어드레스

테이크어웨이

하프 스윙

백스윙 탑

다운스윙

임팩트

팔로우스루

피니시

1주 차 1일

손, 몸, 기본 움직임 익히기

스윙은 골프라는 그림의 가장 기초가 되는 부분입니다. 이 기초의 올바른 틀을 마련하기 위해서는 많은 시간 투자가 필요합니다. 클럽이나 공이 없어도 맨손이나 도구를 가지고, 연습장뿐만 아니라 집이나 직장 등에서 항상 연습하세요.

셋업: 기본 자세

골반은 접힌 상태를 유지합니다.

손을 천천히 끌어 올리면서 허벅지에 위치하도록 만듭니다.

발 앞쪽 2.5~5cm 지점에 손을 가지런히 내립니다.

클럽을 잡은 양팔은 편안하게 늘어뜨려 몸 앞에서 자유롭게 움직일 수 있도록 합니다.

본격적인 골프 연습

회전: 맨손으로 연습하기

양손을 어깨에
올립니다.

척추를 중심으로
몸을 앞으로
숙입니다.

백스윙 시 등은
목표 방향을 향합니다. ★

척추, 골반과 어깨의
기울어진 각도를
스윙하는 내내 일정하게
유지합니다.

항아리 속에 있다고 생각하면서
그대로 회전합니다.

왼발은 지면에 붙지 않고
함께 회전해도 괜찮습니다.

Check Point

• 모든 골프 동작은 척추라는 축을 기준으로 합니다. 스윙할 때 몸은 회전하지만, 축은 올바르게 유지하는 것이 중요합니다.

회전: 클럽으로 연습하기

클럽은 어깨 선상에
유지합니다.

백스윙을 할 때
왼쪽 어깨는 공 쪽으로
기울입니다.

골반의 각도,
어깨의 기울어진 각을
유지합니다.

연습 스윙을 하는 동안
클럽 페이스는 몸의 움직임과 함께
목표 방향과 직각을 이룹니다.

마무리 동작에서는
배꼽이 목표 방향을
바라봅니다.

골반의 움직임 확인하기

양손 2, 3번째 손가락을
골반에 끼웁니다.

백스윙할 때는 골반이 양손을
꽉 누르는 느낌이 듭니다.

다운스윙으로 전환하면서도
오른쪽 골반이 오른손가락을
누르면서 회전합니다.

Check Point

• 각 단계에서 느낌이 제대로 나지 않는다면 정확한 움직임이 아니라는 뜻입니다. 몸의 각도와 꼬임이 적절하지 않으면 결
과적으로 좋지 못한 샷이 나오게 됩니다.

탁구 라켓으로 연습하기

일상에서 기다란 클럽을 들고 연습하기는 어렵지요. 이 경우 비교적 작은
탁구 라켓으로 연습할 수 있습니다. 손, 팔의 움직임을 상세히 익히기 위한
연습입니다. 면 색이 달라 움직임을 익히기에도 좋습니다.
한 손씩 번갈아 가면서 학습합니다.

◇오른손 연습

백스윙으로 움직일 때는
검은색 면이 앞을 향합니다.

라켓이 중립인 상태에서
시작합니다.

다운스윙으로 오면서도
검은색을 유지합니다.

임팩트 구간을
지나가면서
빨간색으로
바뀝니다.

빨간색 면을 유지한 채
팔로우스루, 피니시까지
이어집니다.

Check Point

• 스윙을 하는 동안 손은 언제나 몸 앞에 있어야 합니다.

백스윙으로 움직일 때는
검은색 면이 앞을 향합니다.

라켓이 중립인 상태에서
시작합니다.

다운스윙으로
오면서도
검은색을
유지합니다.

임팩트 구간을
지나가면서
빨간색으로
바뀝니다.

빨간색 면을 유지한 채
팔로우스루, 피니시까지
이어집니다.

Check Point

• 스윙을 하는 동안 손은 언제나 몸 앞에 있어야 합니다.

핸드폰으로 연습하기

라켓이 없다면 일상에서 가장 가까운 도구인 핸드폰을 이용하셔도 됩니다.
한 손씩 번갈아 가면서, 또는 양손을 같이 움직여 확인합니다.

◇오른손 연습

백스윙으로 움직일 때는
핸드폰 화면이 앞을 향합니다.

핸드폰이 중립인 상태에서
시작합니다.

다운스윙으로
오면서도
유지합니다.

임팩트 구간을
지나가면서
뒷면으로 바뀝니다.

뒷면을 유지한 채
팔로우스루, 피니시까지
이어집니다.

Check Point

• 스윙을 하는 동안 손은 언제나 몸 앞에 있어야 합니다.

◇왼손 연습

백스윙으로 움직일 때는
핸드폰 뒷면이 앞을 향합니다.

핸드폰이 중립인 상태에서
시작합니다.

임팩트 구간을
지나면서 앞면으로
바뀝니다.

앞면을 유지한 채
팔로우스루, 피니시까지
이어집니다.

Check Point
• 스윙을 하는 동안 손은 언제나 몸 앞에 있어야 합니다.

다 함께 움직여 골프 스윙 만들기

앞에서 한쪽 동작에 초점을 맞춰 연습했다면, 이번에는 모든 동작을 유기적으로
연결해 움직여 보세요. 이 연습 동작은 스윙의 기반을 탄탄하게 다져 줄 아주 중요한
순서입니다. 처음에는 익숙하지 않기 때문에 천천히 움직이면서 반복해야 합니다.
집을 짓거나 학습할 때 기초가 중요한 것처럼, 이 기초 동작을 꾸준히 수행해야
스윙의 구축을 빠르게 다질 수 있습니다.

골프 클럽 처음 잡기

그립은 스윙을 할 때 유일하게 몸과 접촉하는 부분으로, 손 안의 무기와도 같습니다. 이 무기를 잘 사용하기 위해서는 그립을 잘 다룰 줄 알아야겠지요. 그립을 잡는 방법, 손목의 컨트롤에 이어 공을 치기 전 준비 자세를 익혀보겠습니다.

클럽 페이스 방향

그립을 잡을 때, 클럽 페이스는 항상 목표 방향과 수직을 이룹니다.

클럽 페이스가 닫혀 있거나(클로즈) 열려있지 않고(오픈) 정면을 바라보도록 합니다.

클럽 페이스 클로즈

클럽 페이스 오픈

텐 핑거(Ten Finger) 그립

힘이 약한 여성, 초보자에게 적합한 그립이지만 손목의 사용이 많아 공 통제가 어려워
어느 정도 실력이 쌓인 골퍼는 거의 사용하지 않습니다.

양 손가락을 모두
골고루 밀착합니다.

오버 랩(Over Lap) 그립

헨리 바든(Henry Vardon)이 사용해 바든 그립이라고도 부릅니다.
오른손 새끼손가락을 왼손 검지 위에 올려놓습니다.

오른손의 새끼손가락
가운뎃마디를 왼손의 가운데
관절에 정확히 겹쳐 놓습니다.

인터락킹(Interlocking) 그립

잡아주는 힘이 강해 양손을 견고하게 고정할 수 있습니다. 힘이 약한 골퍼가
악력 보완을 위해 사용하기도 합니다.

오른손 새끼손가락과 왼손 검지를
적당히 걸쳐서 관절이 서로
맞닿도록 합니다.

Check Point —————————————————————————————

• 인터락킹 그립으로 잡을 때, 손가락을 끝까지 겹쳐서 완전히 꼬아 버리지 않도록 하세요. 잡는 힘이 지나치게 강해져 손
  이 적절하게 회전하지 못합니다.

뉴트럴 그립(중 그립, Neutral Grip)

손가락을 사용하는 방법 외에, 클럽 페이스를 기준으로 하는 손 모양도 다양합니다.
그중 뉴트럴 그립은 프로 선수를 비롯해 많은 골퍼가 사용합니다.

위에서 직선으로 내려다볼 때,
왼쪽 손등의 너클(Knuckle, 볼록한 부분)이
1~2개 정도가 보입니다.

양손의 엄지와 검지가 V자를 만들고,
모두 오른쪽 입술 끝으로 향합니다.

스트롱 그립(Strong Grip)

일반 골퍼, 초보자가 가장 선호하는 그립이며 손의 회전을 원활하게 해
슬라이스(Slice) 방지에 도움을 줍니다.

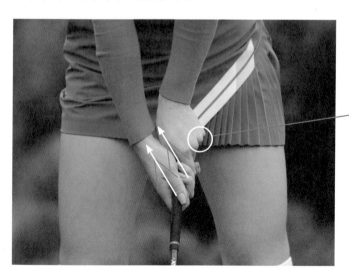

너클이 2~3개 정도 보입니다.

오른쪽 손바닥도 하늘을 보게
잡습니다. 두 V자는 오른쪽 어깨를
향합니다.

위크 그립(Weak Grip)

손목 사용을 제한하기 위해 어프로치에서 사용하는 예도 있으나,
이 방식은 거의 사용하지 않습니다.

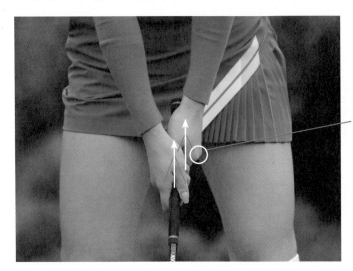

왼쪽 손등의 너클이 1개 정도가
보입니다.

두 V자는 왼쪽 턱을 향합니다.

그립: 왼손 잡기

그립이 왼손 두 번째 손가락의
두 번째 마디를 지나 손바닥의
볼록한 패드 부분에 올라옵니다.

이때 손가락을 한 번에 움켜잡는 것이
아니라 왼손 새끼손가락부터 네 번째,
세 번째로 이어지듯 잡아야 합니다.
움켜잡으면 손의 압력이 강해져 그립을
부드럽게 잡을 수 없습니다.

왼손 엄지는 그립 위에
살짝 놓습니다.

Check Point

• 손바닥으로 많이 잡게 되면 회전하기 힘들고, 손가락으로 많이 잡게 되면 불안정해집니다. 손바닥과 손가락을 가로질러
   잡으세요!

그립: 오른손 잡기

오른쪽 손바닥과 손가락을
대각선으로 가로질러
오른손 검지의 두 번째 마디를
지나도록 합니다.

오른손 검지와 엄지를
꼬집듯이 하여 '방아쇠'를
만듭니다.
양손은 편안하게 서로 맞닿으며,
오른쪽 손바닥의 생명선이
왼손의 엄지 위에 오게 합니다.

그립: 일관성 있게 잡기

그립은 항상 같은 손 모양과 압력으로 잡는 것이 중요합니다. 좋은 스윙을 만들기 위해서는
매일 5~10분씩이라도 꾸준히 투자하는 것이 가장 좋은 방법입니다.
아래 이미지를 보며 연습하세요.

양팔을 늘어뜨려 양손의 엄지와
검지를 붙여 V를 만듭니다.

왼손 엄지를 오른손 볼록한 패드에
붙이면서 그립의 모양을 완성합니다.

반복적으로 연습한 다음에는
클럽을 잡고 똑같이 합니다.

손의 압력

손의 압력, 즉 힘을 조절하는 것은 성공적인 스윙을 위한 기초입니다. 그립을 가볍게,
힘을 빼서 잡을 줄 알아야 하는데요, 대략 10이 가장 강한 압력이라면 3~4 정도의
힘입니다. 일반적으로는 치약을 짜는 힘, 상대와 가볍게 악수하는 정도의 힘이라고도
합니다. 샘 스니드(Sam Snead)는 '새를 가볍게 잡는 세기'라고도 말했습니다.
연습하는 과정에서 자신이 부드럽게 잡는 방법을 찾아 익숙해지면 됩니다.

그립 크기

그립의 크기는 이처럼 손가락이
손바닥에 닿을 듯 말 듯 한 상태가
가장 이상적입니다.

손가락이 손바닥에 닿지 않으면
그립이 큰 것입니다.

손가락이 손바닥을 많이 누르고
있다면 그립이 작은 것입니다.

코킹: 손목의 꺾임

코킹은 아주 작은 요소 같지만 스윙을 완성하는 중요 요인 중 하나입니다.
손목이 꺾이는 것을 코킹, 풀리는 것을 언코킹이라고 하고, 이 둘을 적절하게
사용할 줄 알아야 좋은 스윙을 만들 수 있습니다.

코킹

언코킹

본격적인 골프 연습

코킹 타이밍

코킹에서 중요한 점 중 하나가 '언제 손목을 꺾는가'입니다. 시작 때부터, 아니면 늦게, 또는 점진적으로 할 것인지 다양한 선택지가 있지요. 개인적으로는 스윙을 시작할 때, 클럽을 몸 앞에 유지하면서 점진적으로 코킹을 하는 것을 추천합니다. 코킹을 한순간에 해버리면 공을 치는 일관성이 없어지고 미스 샷을 유발하기 때문입니다.

아래 사진은 코킹을 유지하면서 다운스윙하는 모습입니다.

잘못된 자세 교정 TIP!

코킹했던 손목이 다운스윙으로 내려오면서 풀리는 동작을 '캐스팅'이라고 합니다.
테이크어웨이를 할 때, 코킹이 빨라지면 스윙이 작아지고 다운스윙이 가팔라집니다.
반면 코킹이 늦어지면 목표 방향 반대쪽으로 동작이 커지면서 임팩트 구간에서
타이밍 잡기가 어려워지죠.
거울을 보면서 코킹 타이밍에 따른 스윙의 크기를 점검하세요. 다양한 방식으로
연습하며 나에게 가장 잘 맞는 타이밍을 연구합니다.

손목이
풀리는 모습

어드레스: 기본 서 있는 자세

어드레스 자세는 스윙에 영향을 미칠 뿐 아니라 부상을 방지하기 위한 기본자세입니다.
기본에 충실하되 자신에게 편안한 자세를 찾도록 반복해서 연습합니다.

목은 편안하게 두고
공을 바라봅니다.

양 어깨와 팔, 손까지
오각형을 유지합니다.

상체는 앞으로,
등 뒤는 둥글게 만듭니다.

양팔은 몸 앞으로 자연스럽게
늘어뜨려 구부러진 모양입니다.

골반은
중립 상태입니다.

무릎은
가볍게
굽힙니다.

Check Point

• 척추(등)를 무리하게 뻗으려고 하면 오히려 상체가 굳어 회전을 방해합니다.

스탠스: 다리의 보폭

양발의 간격, 즉 보폭은 기본적으로 어깨 넓이와 비슷하며 클럽의 길이에 비례합니다.
키가 작다고 좁게, 크다고 해서 넓게 서는 것이 아닙니다.

긴 클럽 – 넓음   중간 클럽 – 보통   짧은 클럽 – 좁음

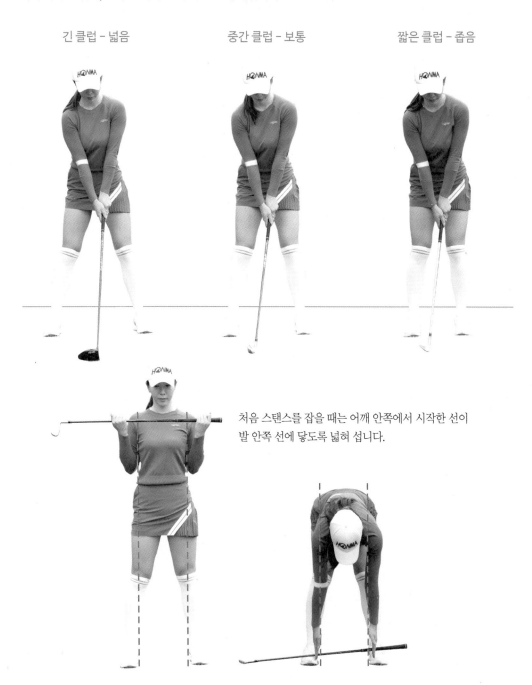

처음 스탠스를 잡을 때는 어깨 안쪽에서 시작한 선이
발 안쪽 선에 닿도록 넓혀 섭니다.

왼발은 15~20° 정도 바깥으로 열고
오른발은 목표 방향과 직각을 이루게
놓습니다.

다만, 유연성이 부족한 경우
원활한 회전을 위해
오른발도 열어줍니다.

Check Point

- 보폭을 넓힐 때는 한쪽 발에 치우치지 않도록 합니다.
- 유연성이 부족하면 좁게 서는 것이 스윙에 유리합니다.
- 남성이라면 양발을 모두 열어도 좋습니다.

정렬: 목표 방향과 기본 방향

골프는 공을 목표 방향에 정확하게 옮겨 놓아야 하는 게임, 곧 타깃 게임입니다.
따라서 올바른 방향 정렬이 중요합니다.

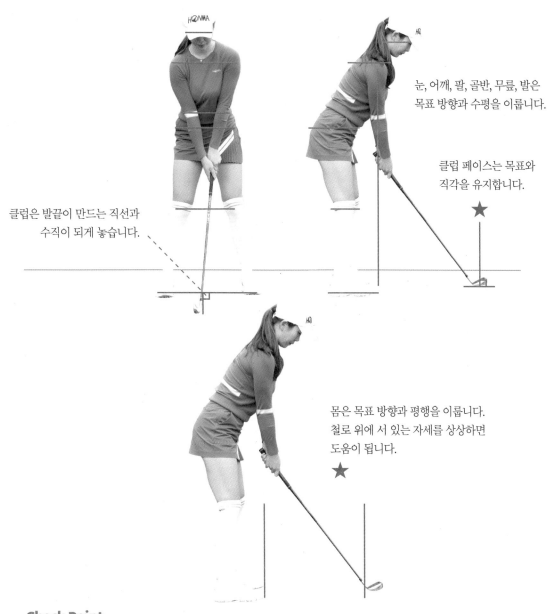

눈, 어깨, 팔, 골반, 무릎, 발은
목표 방향과 수평을 이룹니다.

클럽 페이스는 목표와
직각을 유지합니다.

클럽은 발끝이 만드는 직선과
수직이 되게 놓습니다.

몸은 목표 방향과 평행을 이룹니다.
철로 위에 서 있는 자세를 상상하면
도움이 됩니다.

Check Point

• 발 앞에 골프 클럽이나 우산을 두고 연습하면 좋습니다.

오픈 스탠스

자세에 따른 정렬 형태를 알아보겠습니다. 목표 방향보다 왼쪽을 향해
몸을 열고 서는 오픈 스탠스입니다. 페이드나 슬라이스 구질이 나옵니다.

스퀘어 스탠스

가장 기본적인 자세이고 양발은 11자, 또는 왼발을 15° 정도 오픈합니다.
유연성이 부족하다면 양발을 모두 오픈해도 좋습니다.

클로즈 스탠스

오른발을 왼발보다 뒤쪽으로, 닫은 모양으로 섭니다.
훅이나 드로우 구질을 만들어 내기 쉽습니다.

공 위치

클럽마다 적절한 공의 위치가 있습니다.

드라이버와 페어웨이 우드를 칠 때는
왼발 뒤꿈치 안쪽에 가깝게 놓습니다.

가장 짧은 웨지를 칠 때는
양발의 중앙이나 살짝 오른쪽에
공이 옵니다.

1주 차
3일

테이크어웨이와 L to L

앞에서 클럽을 잡고 공을 치기 위한 자세까지 배웠다면 지금부터는
클럽과 몸이 같이 움직이기 시작하는 단계입니다. 스윙의 첫 동작을 배우는 오늘은
아주 중요합니다. 첫 단추를 정성스레 잘 끼워야 하는 법이니까요.

테이크어웨이

어드레스 자세에서 클럽을 뒤로 움직이기 위한 동작입니다. 목표 방향에서
클럽이 움직이는 방향이 안쪽인지, 바깥쪽인지에 따라 스윙이 달라집니다.

클럽 페이스는 정면!

양손은 허리까지
올라옵니다.

오른쪽 손등은
정면을 바라봅니다.

목표 방향으로
낮고 길게(40cm 정도)
똑바로 움직입니다.

잘못된 자세 교정 TIP!

1 클럽을 인사이드로 당기면서 시작하면 탑, 즉 스윙의 높이가 낮아집니다. 손과 팔이 아니라
  몸 전체가 일어나야 백스윙 탑의 높이가 충분해지지요.
2 반대로 클럽을 아웃사이드로 밀면서 시작하면 클럽 샤프트가 지나치게 인사이드로 들어옵니
  다. 그러면 클럽이 처지게 되고, 결과적으로 공을 정확하게 맞힐 수 없습니다.

지나친
인사이드

올바른
테이크어웨이

지나친
아웃사이드

Check Point
• 골프에서 동작을 할 때는 인, 아웃 중 어느 곳으로도 치우치면 안 되고, 적절하게 선을 지켜야 좋은 스윙을 할 수 있습니다.

L TO L 스윙

처음 스윙 연습을 시작할 때, 몸에 동작을 익히기 위한 작은 스윙 연습입니다.

테이크어웨이에서
백스윙 방향으로 움직이며,
손은 가슴까지 올라옵니다. ★

왼쪽 손등은 정면,
손은 몸 앞에 위치하고
왼팔은 영어 L자
모양이 됩니다.

하프 백스윙에서
등은 목표 방향을 바라봅니다.

팔로우스루에서는 반대입니다.
오른쪽 손등이 정면을 향합니다.

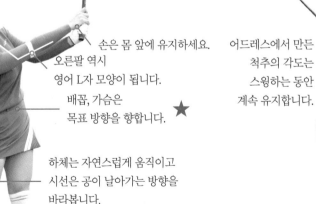

손은 몸 앞에 유지하세요.
오른팔 역시
영어 L자 모양이 됩니다.

배꼽, 가슴은
목표 방향을 향합니다. ★

하체는 자연스럽게 움직이고
시선은 공이 날아가는 방향을
바라봅니다.

어드레스에서 만든
척추의 각도는
스윙하는 동안
계속 유지합니다.

백스윙

어드레스부터 백스윙 탑까지 골프 클럽을 올리는 동작을 백스윙이라고 합니다.
백스윙 탑은 다운스윙을 시작하는 처음 동작이자 백스윙의 마지막 동작이기도 합니다.

백스윙 탑

백스윙의 최고 위치, 즉 풀 스윙입니다.

손은 오른쪽 귀에
위치합니다.

왼팔은 쭉 뻗습니다.
유연성이 부족하다면
살짝 굽혀도
좋습니다.

배꼽은 계속
지면을 바라봅니다.

체중은 오른쪽으로
이동한 상태입니다.

Check Point

• 왼팔을 지나치게 일자로 뻗으려고 하지마세요. 우리가 편안하게 서 있는 자세를 생각하면 팔이 살짝 굽어 있습니다.

잘못된 자세 교정 TIP!

체중을 잘못 실어 머리가 하체보다 목표 방향에
가까워지는 것을 '리버스 피벗'이라고 합니다.
오버 더 탑(Over the Top) 스윙의 주요 요인이 됩니다.

골반 움직임을 바르게 하세요. 배꼽을 감싸는 연습도
도움이 됩니다. 클럽을 배꼽에 붙이고 회전하며
감각을 익히세요. 클럽은 지면을 바라보고 있어야
몸이 뒤집히지 않습니다.

2주 차 2일

다운스윙, 임팩트, 릴리즈

오늘 연습할 내용은 골프에서 가장 중요한 구간입니다. 이전까지 연습한 것들은 모두 임팩트, 즉 공이 맞는 순간을 위한 예비 동작이지요. 그렇다고 이 한 순간에만 집중하면 앞의 동작이 무너져 결국 공을 제대로 치지 못하게 될 수 있습니다. 천천히, 반복적으로 연습하며 모든 동작을 유기적으로 연결해야 합니다.

다운스윙: 클럽을 내리는 동작

다운스윙은 공을 맞히는 임팩트 구간으로 가기 전의 동작입니다. 클럽을 공 방향으로 올바르게 가지고 내려와야 공을 정확하게 맞힐 수 있습니다.

백스윙 탑에서 공으로 내려오면서 손목을 지연해 강력한 힘을 비축하고, 양 손목의 각도를 유지합니다.

Check Point —————————————————————————

· 일관성 있는 스윙을 만들기 위해, 몸과 클럽을 매칭하는 연습이 중요합니다.

다운스윙에서 흔하게 범하는 오류 중 하나가
엎어치는 동작입니다. 인간의 몸이 가장
자연스럽게 움직이는 방향이라 그렇습니다.
이를 교정하기 위해서는 사진처럼 인사이드에서
내려오는 동작을 반복적으로 연습해야 합니다.

라인보다 가파르게 내려오고 있는 모습입니다.
이렇게 공을 치면 슬라이스가 생기고, 디벗 마크도
짧고 움푹하게 파입니다.

Check Point ───────────────

• 디벗 마크가 얇고 길게 나는지 확인하며 연습하세요.

임팩트: 공이 맞는 구간

골프에서 모든 동작은 공이 맞는 구간, 곧 임팩트 모양을 스퀘어(직각)로 만들기 위한 준비
동작이라고 보시면 됩니다. 그만큼 가장 중요한 구간입니다.

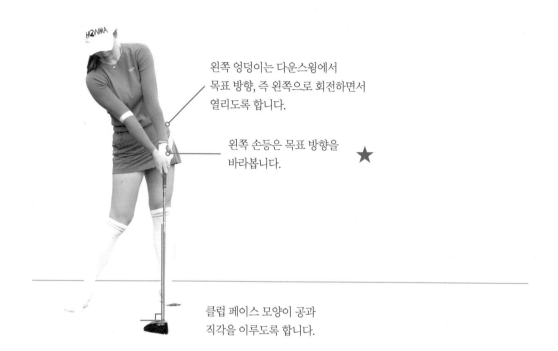

왼쪽 엉덩이는 다운스윙에서
목표 방향, 즉 왼쪽으로 회전하면서
열리도록 합니다.

왼쪽 손등은 목표 방향을
바라봅니다.

클럽 페이스 모양이 공과
직각을 이루도록 합니다.

잘못된 자세 교정 TIP!

임팩트 구간에서 공을 지나치게 띄우려고 하거나,
손 동작을 정확하게 익히지 않고 오른손이 심하게
활성화되면 손이 꺾여 아이스크림을 뜨듯이 공을 건져
올리는 스쿠핑(Scooping) 현상이 일어납니다.

왼쪽 손등이 목표 방향을 향하는 자세를
오래 유지할 수 있도록 반복적으로 연습합니다.

공을 치는 과정에서 몸이 일어나는 것을
'얼리 익스텐션(Early Extension)', 소위 '배치기'라고 합니다.
문제의 원인은 스윙 구도가 잘못되거나 골반의 잘못된 움직임 등
입니다. 교정하기 위해서는 거울을 보며 자세를 점검한 후,
기본에 충실하여 연습해야 합니다. 천천히, 꾸준히 하는 것이
중요해요.

릴리즈 때의 올바른 손 모양

릴리즈는 임팩트 이후, 피니시(마무리) 동작으로 이어질 때 손목을 풀어주는
동작입니다. 헤드 스피드는 빠르게, 정확한 방향과 자연스러운 스윙 궤도를 유지합니다.
임팩트와 마찬가지로 앞의 동작을 정확하게 구사했다면 자연히 따라오는 동작입니다.

팔로우스루, 피니시

이제 스윙의 마지막 단계입니다. 이전 동작을 올바르게 연습했다면
스윙을 쉽게 마무리 지을 수 있습니다.

팔로우스루: 임팩트 이후, 마무리까지

팔로우스루는 임팩트 이후 클럽이 가슴 앞으로 오고, 몸은 목표 방향으로 향하는
일련의 동작입니다.

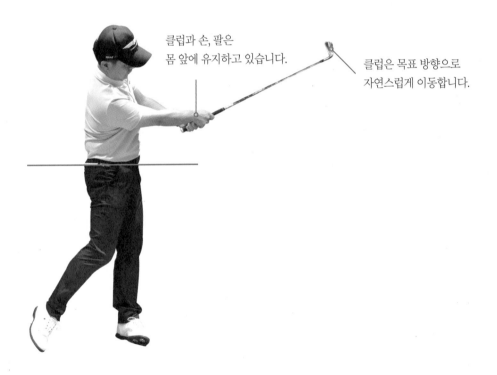

클럽과 손, 팔은
몸 앞에 유지하고 있습니다.

클럽은 목표 방향으로
자연스럽게 이동합니다.

Check Point

• 최대한 자연스럽고 길게 뻗습니다. 억지로 뻗으려고 하면 오히려 속도가 느려집니다.

잘못된 자세 교정 TIP!

팔로우스루 구간에서 생기는 문제는 팔로우스루 자체보다는 전 단계: 임팩트, 다운스윙, 백스윙 등에서 비롯합니다. 팔로우 구간에서 가장 많이 나오는 실수는 방향 오류와 치킨 윙입니다.

클럽이 안쪽으로 당겨져
목표 방향보다 왼쪽에 위치한
인사이드

올바른
팔로우스루

목표 방향보다
오른쪽에 있는
아웃사이드

팔이 자연스럽게 뻗지 못하고 닭 날개처럼 구부러진 치킨 윙입니다.
스윙의 경로가 잘못되었거나 클럽이 열리는 등 잘못된 선행 동작에서
비롯합니다. 손을 앞으로만 뻗는다고 해결되지 않습니다.
올바른 스윙 연습을 반복해 전 단계에서 무엇이 문제인지 찾아 해결해야 합니다.

팔로우스루 교정을 위한 연습

팔로우스루 동작이 잘 교정되지 않는다면 클럽 없이 맨손으로 연습해 보세요.

어드레스 자세를 만들고
오른손은 왼 팔꿈치에
붙입니다.

동작을 유지한 채
임팩트 구간을 지나
팔로우스루 동작으로
연결합니다.

이때 왼팔은 뻗지 않고
접으면서 올라옵니다.

몸은 목표 방향으로 회전해
목표 방향을 바라봅니다.

피니시: 마무리 동작

마무리도 앞의 동작들과 연속적으로 이어져야 합니다.
연습만이 균형 잡힌 피니시를 완성할 수 있습니다.

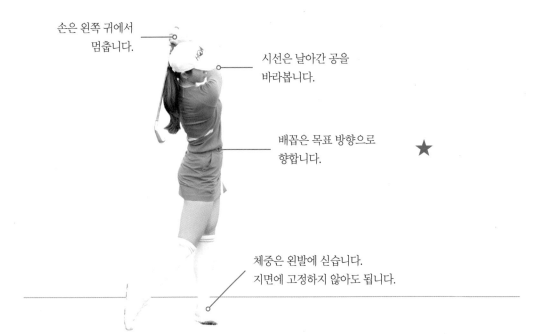

손은 왼쪽 귀에서
멈춥니다.

시선은 날아간 공을
바라봅니다.

배꼽은 목표 방향으로
향합니다.

체중은 왼발에 싣습니다.
지면에 고정하지 않아도 됩니다.

Check Point

• 오른발에 체중이 남아있으면 스윙에 방해가 됩니다. 왼발에 모두 옮겨주세요.

체중 이동 연습

체중 이동이 잘되지 않는다면 클럽 없이 맨손으로 연습해 보세요.

두 손을 가슴에 교차해
올려놓습니다.

백스윙 동작의 꼬임을 만들었다가
골반을 강하게 회전해 피니시로
연결합니다.

골반과 함께 왼발도 같은 방향으로
회전하는지 확인하세요. 허리, 무릎의 부상을
줄일 수 있습니다.

루틴

루틴은 '습관적으로 하는 동작이나 절차'라는 뜻입니다. 골프에서는 연습 스윙과 표적 정하기 등 실제 공을 치기 전에 이어지는 일련의 행동을 통틀어 이르는 말이지요. 이 루틴이 몸에 익으면 심리적으로 흔들리거나 문제가 생겼을 때 연습해 온 감각을 다시 떠올리며 마음의 안정을 유지할 수 있습니다.

연습 스윙

공 뒤에서 연습 스윙을 2번 정도 합니다. 실수로 공을 치지 않게 뒤로 물러나야 하겠지요. 실제 공을 친다는 마음으로 진지하게, 그리고 부족한 부분을 신경 써서 연습합니다.

목표 방향 설정하기

공 뒤에서 서서 목표 방향을 확인한 후,
공의 1m 앞에 나뭇가지, 디벗 마크,
색이 다른 잔디 등 자신만의
표적을 설정합니다.

목표 방향과 표적, 공은 한 선상에 있어요.
어드레스로 들어갈 때 자신이 정한 표적을
놓치지 않도록 계속 응시합니다.

그립을 잡고 클럽 페이스를
목표 방향과 직각으로 만듭니다.

두 다리를 모았다가 왼발을 놓고 오른발을
넓힙니다. 이때 선 자세도 목표 방향과
평행을 이룹니다.

Check Point

- 연습 스윙을 무려 10번까지 하는 분이 있어요. 마음은 이해하지만, 자신도 지치고 상대방에 대한 예의도 아닙니다. 또 어드레스 자세를 잡은 후 한참 동안 묵념하는 경우도 있는데요, 생각이 많아지면 오히려 스윙에 방해가 됩니다. 준비 동작이나 스윙을 간결하게 만드는 연습이 중요합니다.
- 치기 전에 목표 방향을 바라보면서 자신의 공 방향을 먼저 상상해 보세요.

잘못된 자세 교정 TIP!

클럽을 목표 방향에 찍은 채 어드레스하면, 자세를 취하면서 방향이 틀어질 확률이 높아집니다.
공을 뒤에서 보지 않고 어드레스를 취한 후 방향을 잡으려고 하면 착시로 인해 자신이 생각한 방향과
다른 방향을 보게 됩니다. 꼭 뒤에서 먼저 본 후, 방향을 확인하며 자세를 잡으세요.

쇼트게임

100야드 안과 그린 엣지(Green edge) 사이, 즉 짧은 거리에서 필요한 샷을
말합니다. 점수를 낮추기 위해 쇼트게임 능력 향상은 필수사항입니다.

피치 샷

일반적으로 공이 적게 구르고 멀리 날아가는 샷입니다. 하지만 높게 띄우기 위해
손목을 무리하게 사용하지는 마세요. 일반 샷과 똑같이 생각하면서 치는 것이 좋습니다.
단계별 사진을 보면서 자세를 점검하세요.

스탠스는 다른
어프로치 샷보다
살짝 넓은 편이지만
큰 차이는 없습니다.

공은 스탠스 중앙, 또는
약간 왼쪽에 위치하도록 합니다.

백스윙하면서 체중을 왼쪽에 두면
탄도와 백스핀이 적절하게 증가합니다.

Check Point

- 공을 너무 왼쪽에 위치시키면 정확하게 맞히기가 어렵습니다.
- 무리하게 공을 띄우기 위해 다른 동작을 첨가하면 잘못된 샷이 나오기 쉬우니, 정석에 충실하세요!

칩 샷

일반적으로 공이 날아가는 비율보다 구르는 비율이 많은 샷입니다. 굴리기 좋게 클럽의
로프트 각도가 큰 피칭웨지, 9번·5번 아이언 그리고 3번 우드를 사용합니다.
연습을 많이 해본 클럽으로 해야 실패 확률이 낮아집니다.

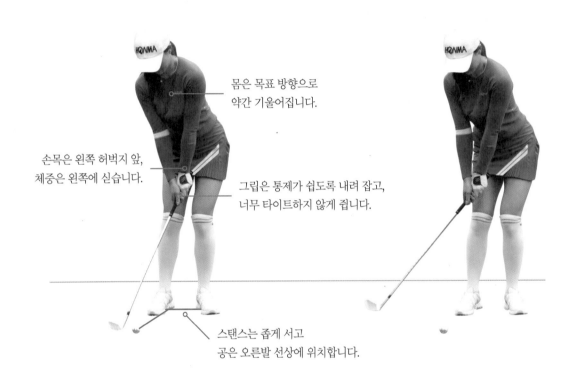

몸은 목표 방향으로
약간 기울어집니다.

손목은 왼쪽 허벅지 앞,
체중은 왼쪽에 싣습니다.

그립은 통제가 쉽도록 내려 잡고,
너무 타이트하지 않게 쥡니다.

스탠스는 좁게 서고
공은 오른발 선상에 위치합니다.

어깨와 양팔의 삼각형을 유지하고
하체의 움직임을 억제합니다.

백스윙 높이는
무릎 선으로 절제합니다.

공을 치고 난 후 왼쪽 손목은 꺾이거나
회전하지 않고, 그대로 몸 앞에
유지하고 있어야 합니다.

Check Point

• 공을 오른쪽에 두는 이유는 헤드가 스윙의 최저점에 도달하기 전에 공을 치기 위함입니다.

벙커 샷

골프에서 유일하게 공을 직접 치지 않는 샷입니다. 이 외에는 피치 샷과 동일합니다.

어드레스는 일반 피치 샷처럼
목표 방향과 직각을 이룹니다.

공의 위치는 중앙에서
살짝 왼쪽에 놓습니다.

클럽 페이스도
오픈하지 않습니다.

미끄럼을 방지하고
견고한 자세를 위해
양발을 모래에 묻습니다.

1.2-1.5cm 정도 깊이로
모래를 퍼내며 한 번에 피니시까지
이어갑니다.

모래가 퍼진 모양을
확인하세요.

Check Point ─────────

- 보통 벙커 샷은 낯설고 어렵다는 생각에 자신 있게 하지 못합니다. 하지만 벙커 샷은 익스플로전 샷(Explosion Shot), 즉 폭발적인 샷이라고도 부르는 만큼 두려움을 떨쳐내고 과감하게, 마무리 동작까지 거침없이 스윙해야 합니다.
- 다운스윙이 가파르면 클럽 헤드가 모래를 많이 퍼내게 되어 샷을 통제하기 어려워집니다.

벙커 샷 연습 TIP!

공 옆에 일직선으로 선을 그어 놓고 연습해 보세요.
다운스윙으로 내려올 때 완만하게 내려오면 모래가 비교적 얕게 나오고, 가파르게 내려오면
모래를 깊게 퍼내게 됩니다. 벙커에서는 어떤 상황이 연출될지 모르니 둘 다 연습하면 좋지만,
여러분은 우선 벙커에서 한 번만에 나오는 것을 목표로 합니다.
그래야 다음 샷을 노려 볼 수 있어요.

Check Point
• 연습장에서는 임의의 가상 라인을 그려 놓고 연습하면 좋습니다.

'퍼팅'이란 그린 위에서 퍼터(Putter)를 사용하여 공을 홀에 넣는 동작입니다.
퍼팅은 마무리 동작으로 점수에 많은 영향을 주기 때문에, 그만큼 심리적
스트레스가 커서 자신에게 적절한 방법을 찾으려고 애쓰게 됩니다.
하지만 무엇보다도 정석 연습이 먼저라는 점, 잊지 마세요.

퍼터 어드레스

어깨, 엉덩이,
무릎도 퍼팅선과
평행합니다.

눈은 공과는 수직,
가상의 퍼팅선과는
평행이 되도록 합니다.

그립은 양손을 마주한 채
부드럽게 내립니다.

공은 헤드가 최저점을
지나는 지점에 위치시킵니다.

몸무게의 중심은 스탠스의 중앙
또는 약간 왼발에 치우칩니다.
발뒤꿈치나 발가락이 아닌 발의
중간에 둡니다.

퍼터 그립 잡기

퍼터 그립을 잡는 방식은 개인마다 다르기 때문에 변형되는 경우가 많지만, 여기서는
가장 기본적인 오버 랩 그립을 알아보겠습니다. 일반적인 골프 클럽 잡는 방법과
거의 비슷합니다.

양손 손바닥은 그립을 사이에 두고
서로 마주봅니다.

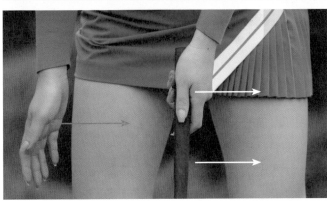

오른쪽 손바닥, 왼쪽 손등,
그리고 클럽 페이스는
목표 방향으로 향합니다.

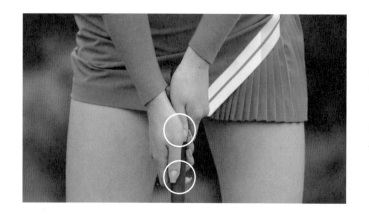

손목이 흔들리지 않고, 클럽을
컨트롤할 수 있을 정도로 잡습니다.

엄지는 양손 모두 그립 중앙에
올려놓습니다.

Check Point ──

• 손가락으로 잡으면 클럽 컨트롤이 어려울 수 있습니다. 손바닥으로 잡아 손목이 돌아가지 않도록 합니다.

• 양쪽 손바닥이 모두 그립에 닿아야 합니다.

스트로크: 공 보내기

그립을 잡았으니, 홀을 향해 공을 굴려 보겠습니다.

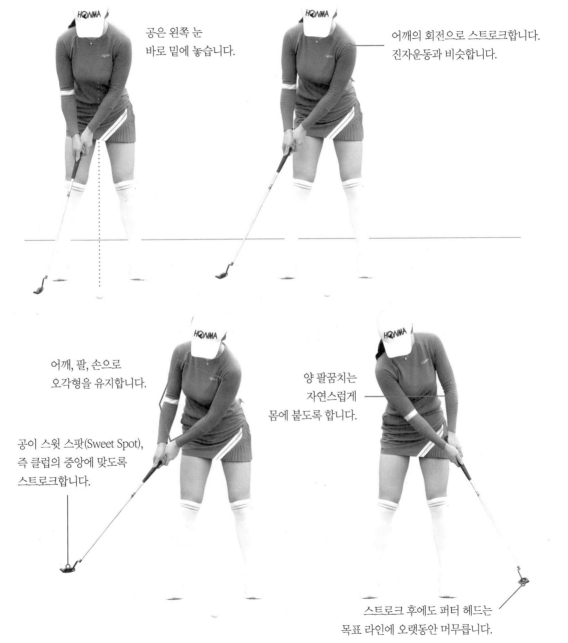

공은 왼쪽 눈
바로 밑에 놓습니다.

어깨의 회전으로 스트로크합니다.
진자운동과 비슷합니다.

어깨, 팔, 손으로
오각형을 유지합니다.

공이 스윗 스팟(Sweet Spot),
즉 클럽의 중앙에 맞도록
스트로크합니다.

양 팔꿈치는
자연스럽게
몸에 붙도록 합니다.

스트로크 후에도 퍼터 헤드는
목표 라인에 오랫동안 머무릅니다.

퍼터 선택을 위한 Lak's 꿀팁!

전체 골프 경기에서 퍼팅은 40%를 차지합니다. 그 중요성만큼 퍼터 종류도 다양한데요, 초보 골퍼를 위해 퍼터를 구매할 때 참고할 몇 가지 사항을 알려 드리겠습니다.

1 퍼팅에서 큰 영향을 미치는 요소는 무게입니다. 샤프트와 그립 등도 물론 중요하지만, 특히 안정적인 스트로크를 위해 헤드가 무거운 것이 좋습니다. 미세한 손의 떨림을 잡아줘 헤드의 뒤틀림을 방지하는 효과가 있습니다.

무게 확인

2 퍼터의 샤프트 라이 앵글(Lie Angle)을 점검해 봐야 합니다. 퍼터 셋업 시 라이 앵글이 자신에게 부적합하면 클럽이 적절하게 지면에 닿지 못합니다. 이 경우 공을 타격할 때 클럽 페이스를 스퀘어하기 어렵습니다.

너무 높음

올바른 라이 앵글

라이 앵글 70

너무 낮음

3 퍼터 길이도 검토해 보세요. 너무 짧거나 길면 준비 자세인 셋업(Set-up)과 스트로크에 악영향을 미칩니다. 퍼터 길이가 짧으면 자세를 움츠리게 되고, 퍼팅의 정확도가 떨어지게 됩니다. 반면 길이가 길면 몸이 과하게 일어서게 되면서 스트로크가 불안정해집니다.

퍼터 길이

롱게임

아이언, 드라이버 등 긴 클럽을 사용해 공이 멀리 날아가게 하는 샷을 말합니다.

롱게임의 주 무기, 드라이버와 아이언

많은 골퍼들이 긴 클럽을 치기 힘들어합니다. 가장 큰 이유는 로프트 각이 커
사이드 스핀이 걸리는 바람에 공이 똑바로 가지 않아서입니다.
보통 긴 클럽일수록 부드럽게 치라고 이야기하지만, 오히려 강하고 빠르게 쳐야
공을 멀리 보낼 수 있습니다. 그래서 올바른 스윙 방법이 중요합니다.
대표적인 긴 클럽, 드라이버와 아이언 스윙에 대해서 알아보겠습니다.

사실 드라이버와 아이언은 스탠스와 공 위치가 다를 뿐 스윙 방법 자체는 똑같습니다.
스탠스의 폭은 체중의 배분과 관계가 있고, 공을 놓는 위치는 스윙 아크의 최저점과
연관이 있지요. 멀리 보내기 위한 드라이버 샷의 스탠스는 어깨 넓이, 공은 왼발
뒤꿈치에 옵니다. 체중은 왼쪽에 조금 무겁게 둡니다.

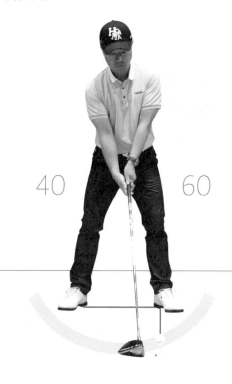

아이언으로 칠 때의 스탠스는 가슴 너비,
공은 중앙에 둡니다. 아이언이 짧다면 스탠스도 좁아지고
공은 가운데, 또는 살짝 오른쪽이 되겠지요.
체중도 양쪽 동일하게 분배합니다.

어센딩·디센딩 블로우

드라이브는 클럽이 길다보니
헤드가 최저점을 지난 후,
올라가면서 공에 맞는
'어센딩 블로우'가 만들어집니다.

아이언 샷은 의도적으로
찍어 치는 것이 아니라,
클럽도 짧고 공 위치상 내려오는
각이 작아져 자연스럽게
'디센딩 블로우'가 형성됩니다.

임팩트 때도 드라이버는 어드레스 때의 척추각을 유지하며 목표 방향으로 기울고,
아이언은 왼쪽 엉덩이가 지면과 수직을 이루고 있습니다.

드라이버 아이언

Check Point

- 스탠스와 공을 놓는 위치가 적절하지 않으면 클럽 헤드가 공에 접근하는 각도의 차이가 생기지 않아 원하는 샷을 하기 힘듭니다.
- 스탠스와 공 위치를 제외하고 두 샷이 서로 다른 느낌이 든다면 기본자세를 점검해 봐야 합니다.

PART
3

처음 필드 가는 날

골프장 첫 방문

골프 치는 방법은 많이 알려줘도, 골프장 이용 방법은 잘 소개되지 않습니다. 경험자에게는 너무나 당연한 일이라 그렇습니다. 하지만 골린이에게는 모든 게 생소하고 당황스럽지요. 골프장 입장부터 퇴장까지, 모든 걸 알려 드릴게요.

골프장 클럽하우스 도착

호텔의 로비와 같은 곳입니다. 여기서 잠시 멈추면 직원이 골프 백과 보스턴백을 내려줍니다. 이때, 곧바로 주차장으로 가면 안 됩니다. 골프 백은 카트에 옮기고, 보스턴 백을 가져가야 골프복으로 환복할 수 있습니다.

프런트

입구에 들어오면 프런트가 보입니다. 여기서 자신의 라운드 시간과 예약자 이름을 말하고 영수증처럼 생긴 종이를 받아 라커로 출발합니다.

라커룸

프런트에서 받은 종이가 바로 라커 열쇠입니다. 이 열쇠에 적힌 라커 번호를 찾아가세요. 라커에 가서 비밀번호는 자신이 직접 설정하면 됩니다. 보통 방법도 쉽고 설명도 적혀 있지만, 어렵다고 생각되면 직원에게 도움을 청하세요.

TIP 간혹 여성용과 남성용 라커룸 입구가 나란히 붙어 있어 헷갈리는 경우가 있습니다. 꼭 확인하고 들어가세요.

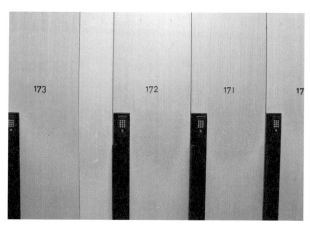

라운드 나가기 전 마지막 준비

골프복으로 갈아입었다면, 자동차 키를 꼭 챙겨서 나가세요. 라운드가 끝난 후 캐디와 함께 골프 가방을 차에 옮기러 가야 하기 때문입니다. 잊어버리고 나오셨다면 현관에 보관했다가 본인이 직접 골프 가방을 차에 옮기고 가면 됩니다. 필요한 물건은 파우치 백에 넣고 화장실에서 선크림을 미리 바릅니다. 계절 상관없이 꼭 바르는 것이 좋아요. 5시간의 라운드 동안 생각보다 햇빛을 많이 받게 됩니다. 이때, 캐디 피로 정산할 현금을 챙겼는지 확인하세요.

라운드 출발!

식사가 약속되어 있다면 식당으로, 아니면 출발 지점으로 가서 자신의 클럽을 찾고 그날의 캐디를 만나면 됩니다.

라운드가 끝난 후

게임이 끝난 후, 남성은 모자를 벗고 여성은 쓴 채 서로 악수합니다. 이때 여성이 먼저 손을 내밉니다. 갈아입은 속옷과 골프복은 비닐에 담아 가지고 오는 것이 위생 등 여러 측면에서 좋습니다. 하지만 최근에는 환경 보호 문제 등으로 라커에 비닐을 비치해 두지 않는 곳이 많으므로 집에서 미리 챙기시기 바랍니다. 정산할 내역에는 그린 피, 캐디 피, 카트 피, 그늘집, 클럽하우스 식사비용이 있는데요, 캐디에게 직접 현금으로 주는 캐디 피 외에는 1/N로 프런트에서 각자 계산하면 됩니다.

> **TIP** 라운드로 나오기 전 현금으로 준비한 캐디 피는 봉투에 넣어주면 받는 사람이나 주는 사람 모두 기분이 좋아지겠지요!

골프 코스 구성

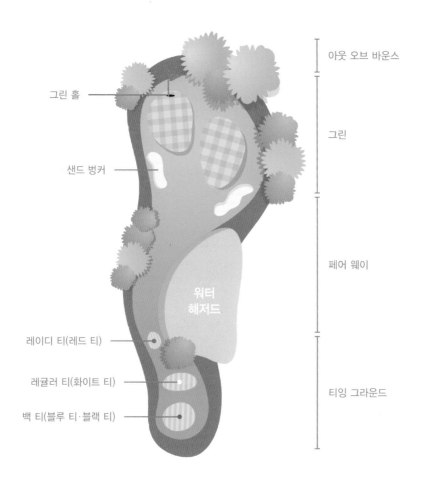

그린 홀

샌드 벙커

아웃 오브 바운스

그린

워터
해저드

페어 웨이

레이디 티(레드 티)

레귤러 티(화이트 티)

백 티(블루 티·블랙 티)

티잉 그라운드

티잉 그라운드

첫 번째 티 샷, 즉 드라이버로 멀리 보내는 샷을 하는 지점에 색깔 있는 물건 등
으로 표시해둔 장소를 말합니다. 티 박스라고도 부릅니다. 검은색이나 파란색
은 프로 선수, 흰색은 일반 남성, 빨간색은 일반 여성이 사용하는 장소입니다.

그린 홀

바로 목적지가 있는 곳입니다. 보통 홀컵으로 묶어 말하지만 본래는 홀과 컵, 둘 중 하나로 사용해야 합니다. 컵의 지름은 108mm이며, 근처 그린에는 깃대가 꽂혀 있습니다. 티잉 그라운드처럼 색이 세 가지이며, 각 깃발의 위치가 다릅니다.

빨간색 깃발은 그린의 앞쪽에 위치해 앞 핀, 하얀색 깃발은 중간에 위치해 중 핀이라 부릅니다. 그리고 파란색 또는 검은색 깃발은 그린 맨 뒤쪽이라 백 (Back) 핀이라 부릅니다. 티잉 그라운드를 생각하면 이해가 더 쉽지요. 일반 여성 골퍼의 홀을 표시하는 앞 핀 > 일반 남성 골퍼의 홀을 표시하는 중 핀 > 프로 선수의 홀을 표시하는 백 핀 순서입니다.

러프·페어웨이·그린

경기장은 크게 세 종류입니다. 러프는 잔디가 길게 자란 지역으로 공을 쳐내기가 어려운 곳입니다. 그 다음 페어웨이는 잔디를 짧게 깎은 지역, 메인 경기장을 말합니다. 마지막 그린은 페어웨이보다 잔디가 짧고 홀, 즉 목적지가 있는 곳입니다.

해저드(함정)

함정으로는 물웅덩이인 워터 해저드, 모래 웅덩이인 샌드 벙커가 있습니다. 공이 경기장 밖으로 나갔을 경우에는 아웃 오브 바운스라고 합니다. 이 세 곳에 빠지면 모두 벌타가 있습니다.

골프 기본 규칙 알아보기

골프 경기는 그린(Green)의 홀(Hole)에 넣으면 다음 홀로 이동하며 18홀까지 돌면 게임이 끝납니다. 마지막 홀까지 친 타수가 적은 쪽이 승리하는 게임입니다.

골프 점수 이름 알아보기

골프에서는 점수를 이르는 단어가 따로 있습니다. 용어집에도 실어두겠지만, 스포츠인만큼 점수 이름을 아는 것은 아주 중요하죠. 각 점수의 이름을 알아보겠습니다.

골프 코스에는 파(Par) 3, 4, 5가 있습니다. 파 3에서는 정해진 규정 타수가 3이고 3번 만에 홀에 성공시키면 파를 기록합니다. 파 4와 5도 숫자만 다를 뿐 동일합니다.

통상 골프 경기장은 18홀로, 파 3홀 = 4개 (12타), 파 5홀 = 4개 (20타), 파 4홀 = 10개 (40타)로 이루어져 있습니다. 그러니 일반적인 18홀의 규정타수는 72타가 되겠지요.

규정 타수대로 홀에 성공시키면 파(Par), 규정 타수보다 1타 많이 치게 되면 보기(Bogey), 2타 많이 치게 되면 더블 보기(Double Bogey), 3타 많이 치게 되면 트리플 보기(Triple Bogey)입니다. 4타를 더 치게 되면 쿼드러플 보기(Quadruple Bogey)라고 말하며, 속어로 '양파' 했다고 합니다.

한 홀에서 규정 타수보다 3타 적게 넣으면 알바트로스(Albatross), 2타 적게 넣으면 이글(Eagle), 1타 적게 넣으면 버디(Birdie)입니다. 만일 한 번에 넣으면 홀인원(Hole in One) 또는 에이스(Ace)라고 부릅니다. 단, 파 몇 홀이냐에 따라 부르는 말이 조금씩 다르므로 골프 점수 계산법에 있는 표를 참고하세요.

골프 점수 계산법

18홀 기준 규정 타수인 72타 아래를 기록하면 언더파, 72타를 기록하면 이븐 파라고 하며 72타 이상을 기록하면 오버파입니다. 점수는 낮을수록 승리에 가깝습니다.

타수	파 3		파 4		파 5	
	명칭	점수	명칭	점수	명칭	점수
1타	홀인원	−2	홀인원	−3	홀인원	−4
2타	버디	−1	이글	−2	알바트로스	−3
3타	파	0	버디	−1	이글	−2
4타	보기	+1	파	0	버디	−1
5타	더블 보기	+2	보기	+1	파	0
6타	더블 파	+3	더블 보기	+2	보기	+1
7타			트리플 보기	+3	더블 보기	+2
8타			더블 파	+4	트리플 보기	+3
9타					쿼드러플 보기	+4
10타					더블 파	+5

스코어카드 알아보기

요즘은 전자식으로 기록하기 때문에 스코어카드를 손으로 직접 기재할 일은 많지 않습니다. 그러다보니 스코어카드를 면밀히 살펴보는 일도 줄었지요. 하지만 스코어카드에는 홀 정보, 거리, 핸디캡 등 여러 정보가 들어 있으니 꼼꼼히 살펴보면 경기 이해에 도움이 될 거예요.

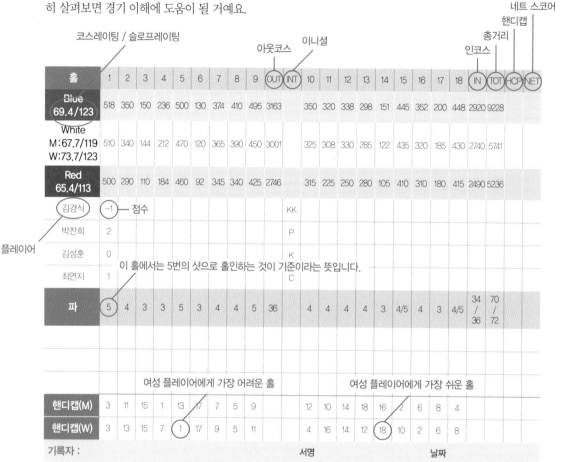

OUT: 아웃코스 총 18홀 중 앞의 9홀, 프런트 나인(Front Nine)이라고도 합니다.

INT: 이니셜 총 4명이 기재하니, 헷갈리지 않도록 각자의 이니셜을 한 번 더 적어둡니다.

IN: 인코스 총 18홀 중 뒤의 9홀, 전체 홀을 마치면 클럽하우스로 들어오기 때문에 IN이라는 이름이 붙었습니다. 백 나인(Back Nine)이라고도 합니다.

TOT: 총거리 Total, 즉 총거리입니다. 난이도에 따라 거리가 다릅니다. 블루 티, 즉 프로 선수가 사용하는 코스의 경우 게임 중 총 9228야드의 거리를 수행한다는 뜻입니다.

HCP: 핸디캡 플레이어의 핸디캡 타수를 적습니다. 핸디캡은 2 또는 12입니다.

NET: 네트 스코어 총타수에서 핸디캡을 뺀 스코어입니다. 핸디캡 2인 사람이 그날 총타수 73을 쳤다면 네트 스코어는 71이 되겠지요.

플레이어, 점수 보통 4명이 라운드를 나가고, 아마추어의 경우 한 스코어카드에 다 같이 점수를 작성합니다. 본래 규칙으로는 친 타수를 정확히 적지만, 계산을 편하게 하기 위해서 파를 0으로 삼고 가감합니다. 예시의 김경식 플레이어는 파 5에서 버디, 즉 4타로 완료했기 때문에 −1로 적은 것입니다.

코스레이팅과 슬로프레이팅

이 두 숫자는 아직 표기하지 않는 골프장이 많지만, 우리나라에서도 최근 기재하는 곳이 늘어나기 시작했습니다.

코스레이팅은 스크래치 골퍼(이븐 골퍼), 즉 핸디캡이 0인 플레이어를 기준으로 전체 라운드에서 치는 스코어입니다. 코스레이팅이 69.4라면 평소 72타를 치는 스크래치 골퍼가 평균 69.4타로 경기를 마친다는 얘기니, 상대적으로 좀 쉬운 골프장이라는 뜻이지요. 반대로 73이라면 1타를 더 치게 된다는 것이니 난도가 높다는 의미입니다. 거리에 따라 화이트 티는 67.7, 레드 티는 65.4로 숫자가 다른 것을 확인하실 수 있을 것입니다. 이처럼 코스 길이에 따라 스크래치 골퍼가 느끼는 난도는 유동적입니다.

슬로프레이팅은 핸디캡이 +18인 보기 플레이어를 기준으로 합니다. 난도는 55~155인데, 90타 치는 보기 플레이어를 대상으로 하여 평균치인 113을 기준으로 삼습니다. 코스레이팅과 마찬가지로 113보다 높은 숫자면 어렵고, 낮으면 상대적으로 쉬운 코스라는 뜻입니다.

핸디캡 계산

코스레이팅과 슬로프레이팅을 반영한 핸디캡 계산은 다음과 같습니다.

$$핸디캡 = (총타수 - 코스레이팅) \times 113 / 슬로프레이팅$$

즉 총타수가 92타, 코스레이팅이 72.3, 슬로프레이팅이 124인 골프장에서의 핸디캡은
(92 - 72.3) ×113 / 124 = 17.95, 반올림하여 18입니다.

이렇게 나온 핸디캡은 1~18까지 스코어카드 아래에 표시되는데요, 핸디캡 1인 홀이 가장 어려운 홀, 그리고 18인 홀은 가장 쉬운 홀입니다. 여성과 남성의 기준이 다르니 잘 확인하세요.

기록자

스코어카드는 본래 각자가 1장의 카드를 갖고, 다른 사람의 점수를 각각 기재합니다. 자신의 점수는 아래에 적고 절취한 후 대회에 제출하도록 절취선이 있습니다. 하지만 아마추어는 캐디가 전체 플레이어들의 점수를 다 작성합니다.

골프 초보자가 알아야 할 매너 50가지

골프는 매너로 시작해서 매너로 끝나는 스포츠입니다. 스윙을 아무리 잘해도, 점수를 잘 내도 안전과 예절을 무시한다면 제대로 된 골퍼라고 할 수 없어요. 골프 예절은 동반자를 배려하는 데서 출발합니다. 다음 규칙들이 너무 많고 복잡해 보여도, 골프라는 운동을 하기로 마음먹었다면 다 지켜야 합니다. 하나둘씩 자기 마음대로 빼기 시작하면 경기 진행이 제대로 이루어지지 않습니다.

etiquette 1

약속 시간을 잘 지키세요. 약속한 라운드 시간보다 최소한 1시간 30분 전에 도착해야 합니다. 체크인, 탈의, 식사, 인사와 담소 등 라운드에 나가기 전 할 것들이 생각보다 많거든요. 몸도 풀어야죠.

etiquette 4

동반자가 스윙을 준비하면 정숙합니다. 일부 동반자들은 계속 이야기하는데, 이때만큼은 제발! 집중할 수 있도록 도와주세요.

etiquette 2

티 박스에는 최소한 10분 전에 도착하도록 합니다. 골프장 도착은 일찍 하더라도 막상 티 박스에 늦게 등장하면 경기가 늦어져요. 동반자와 캐디에게도 실례입니다.

etiquette 5

동반자가 원하지 않는 교습은 하지 마세요. 오히려 더 헷갈리고 관계 망치기 십상입니다.

etiquette 3

티 박스에는 한 사람만 올라가세요. 타인이 보이면 불편해하는 골퍼들이 많습니다. 요청하지도 않았는데 공을 봐준다거나, 잘하는 사람 스윙을 구경한다고 뒤에서 기웃거리지 않습니다.

etiquette 6

경기 도우미(캐디)를 존중합니다. 사회 지위와 관계없이 인간적으로 대하세요. 본인이 먼저 존중하고 매너 있게 행동하면 캐디도 더 잘해줍니다.

etiquette 7

동반자의 차로 이동하면 유류비, 교통비를 부담해 주세요.
거리에 따라 1~2만 원 정도, 혹은 커피를 대접해도 좋죠.
골프장까지 운전하는 게 꽤 피곤한 일이거든요.

etiquette 8

캐디를 만나면 정중하게 이름으로 불러주세요. 존중과 배
려의 시작이 이름 부르기입니다.

etiquette 9

캐디와 유머를 나누는 것도 좋지만, 음담패설은 성희롱으로
법적 처벌 받습니다. 자중하세요!

etiquette 10

사람을 향해 스윙하지 않습니다. 실제로 연습 도중 작은 돌
에 맞아 실명한 사례가 있습니다. 절대 금물!

etiquette 11

멀리건은 자제하세요. 상대가 주어야 받는 것이지 달라고
떼를 쓰면 안 됩니다. 실제 원칙에는 없는 것을 동반자가
배려해서 주는 것입니다. 또 받더라도 18홀 중 1~2개면
적당합니다. 남발하면 실력도 늘지 않고 버릇도 나빠져요.

etiquette 12

골프는 내기로 이어지는 경우가 많아요. 현금은 넉넉히 준
비합니다. 단, 내기 규모는 점심값이나 캐디 피 정도로 적
게 하세요.

etiquette 13

공은 넉넉하게 준비하세요. 초보자는 저렴한 로스트 볼을
사용하는 게 좋습니다. 처음엔 정말 많이 잃어버리거든요.

etiquette 14

캐디 백에 비옷, 우산, 자외선 차단제는 항상 준비해 두세요.

etiquette 15

여름에 자외선 차단제를 많이 바르면 미끄러워 골프에 방
해된다는 이야기도 있어요. 피부를 보호하기 위해 자외선
차단제는 필수이지만, 너무 미끄럽다면 양을 적절히 조절
해야겠지요.

etiquette 16

주머니에 티, 장갑, 볼 마커를 챙기세요. 그때그때 찾느라
헤매는 것보다 미리 준비해두는 게 편합니다. 멀리건 등 공
을 찾으러 가야할 때가 있으므로, 여유 공도 하나 준비해두
면 좋습니다.

etiquette 17

본인의 순서가 되기 전 미리 장갑, 티, 공, 클럽 등 필요한 것들을 점검합니다. 허겁지겁 준비해서 치면 좋은 샷이 나오지 않겠죠. 처음 라운드에 나가면 들뜬 마음에 하나씩 빼먹는 경우가 많은데, 더 허둥지둥하게 되니 미리 준비하도록 합니다.

etiquette 18

캐디에게 이번 샷에서 쳐야 하는 거리를 물어보고, 그에 맞는 클럽을 3개 가지고 샷을 준비하세요. 공을 확인한 후 적당한 클럽으로 바로 칠 수 있어요.

etiquette 19

타수 속이려고 하지 마세요. 습관적으로 거짓말하는 골퍼들이 있는데요, 동반자들이 다 보고 있어요!

etiquette 20

'연습장에서는 잘됐는데 오늘 왜 이러지?' 하는 마음은 충분히 이해합니다. 하지만 속으로만 생각하세요. 경기가 안 풀릴 때 골퍼가 가장 많이 하는 핑계랍니다.

etiquette 21

휴대폰 문제는 대회에서나 아마추어 라운드에서나 가장 많이 등장하는 문제입니다. 라운드 시작하기 전에 진동모드로 바꾸고, 꼭 통화를 해야 하는 경우 동반자에게 피해를 주지 않도록 조용히, 짧게 합니다.

etiquette 22

본인이 샷을 잘못하고는 동반자와 캐디를 탓하지 마세요. 계속 이러면 주위에 동반자가 없어질지도 모릅니다. 명백히 본인 잘못인데 남을 탓하면 보기 좋을 리가 없으니까요.

etiquette 23

연습 스윙은 2번만 하세요. 과도한 연습은 동반자를 지치게 합니다. 많이 연습한다고 홀인원 되지는 않아요.

etiquette 24

조금이라도 더 멀리 보내려고 티를 티 박스 앞에 꽂는 경우가 있는데요, 이를 '배꼽 나왔다'고 합니다. 본래는 티 박스에서 가상으로 이은 직사각형의 선 밖으로 티가 나오면 안 됩니다. 예전에 '배꼽 나왔다'고 하니까 어리둥절해서 자기 배꼽 쳐다본 사람이 있었어요. 이런 실수는 매너 지적 문제로 끝나는 게 아니라 2벌타를 받는 꽤 심각한 문제예요.

etiquette 25

공을 치고 나면 본인의 티를 회수하세요. 꼭 지켜야 하는 규칙은 아니지만 초보자들이 본인의 샷에 당황해서 놓고 오는 경우가 많습니다. 동반자는 놓고 온 티를 챙겨주거나 이야기해주는 것이 매너랍니다.

etiquette 26

아웃 오브 바운스나 해저드에 빠졌을 때 숨겼던 여유 공을 꺼내면서 찾았다고 거짓말하기도 합니다. 안 들킬 것 같지만 '알까기'라는 이름이 붙을 만큼 다 알고 있습니다.

etiquette 27

치기 힘들다고 공을 임의로 옮기지 마세요. 그냥 솔직히 말씀하시면 됩니다. 어렵다고 발로 차는 모습을 보면 인성까지 의심하게 됩니다.

etiquette 28

본래 샷은 홀에서 먼 사람부터 했는데, 규칙이 바뀌어 준비된 사람부터 하게 되었습니다. 순서를 잘 파악하세요.

etiquette 29

파 3에서 몇 번째 샷인지 물어보지 마세요. 물어본 사람은 2벌타, 알려준 사람도 같이 벌타를 받습니다.

etiquette 30

페어웨이에서 샷을 했다면 잔디 보호를 위해 디벗 마크를 흙이나 잔디로 덮어 주세요. 그래야 나중에 자신도 디벗에서 샷을 하는 일이 생기지 않습니다.

etiquette 31

공이 디벗에 있을 때는 옮기지 않는 것이 원칙입니다. 지인과의 라운드라면 양해를 구한 후 옮길 수는 있겠습니다. 하지만 마치 원칙이 변경된 것처럼 말도 안 하고 막무가내로 옮겨 치지 마세요. 2벌타입니다.

etiquette 32

공이 안 보일 경우 3분 이내로만 찾고, 없으면 다른 공으로 이어 가세요. 공을 찾겠다고 절벽이나 산으로 올라가지 마세요. 위험합니다.

etiquette 33

공을 못 찾은 경우 다시 티 샷부터 하기에는 시간상 어려우니 골프장 룰에 따라 1-2벌타 후 마지막 샷을 한 지점, 또는 잃어버린 지점 근처에서 합니다.

etiquette 34

코스를 돌던 중 동반자의 공을 빌렸다면 반드시 새 공으로 갚으세요.

etiquette 35

캐디에게 "몇 번 클럽 달라"라고 말한 후 가져다주기를 기다리지 마세요. 직접 클럽을 받으러 가는 것이 예의입니다.

etiquette 36

공에 자신만의 마크를 해두세요. 같은 모양의 공이 많아서 다른 사람의 것을 치는 경우가 많습니다. 동반자가 내 공을 치면 아주 황당합니다. 반대도 마찬가지고요.

etiquette 37

동반자가 공을 칠 때 미리 앞으로 나가지 마세요. 공을 빨리 찾고 싶은 마음은 이해하지만 잘못하면 날아오는 공에 맞을 수 있어요. 공에 맞아 병원에 간 골퍼도 많습니다.

etiquette 38

공을 친 후, 자신의 클럽은 반드시 직접 챙겨오세요. 본인의 물품이고, 캐디가 챙기기에는 할 일이 너무 많습니다.

etiquette 39

벙커에서 어드레스나 연습 스윙할 때 클럽이 모래에 닿지 않도록 합니다. 매너이기도 하지만 2벌타를 받는 사항입니다.

etiquette 40

벙커샷이 끝나면 꼭 벙커를 정리하세요. 귀찮다고 무시하다 보면 피해는 자신에게 돌아옵니다.

etiquette 41

그린에서는 절대 뛰거나 발을 끌면서 이동하지 않습니다. 잔디가 상하기 때문이에요. 자신의 얼굴을 누군가가 발로 밟고 지나간다고 생각해 보세요.

etiquette 42

그린에서 동반자의 공이나 마커 위치를 잘 파악해야 합니다. 동반자 마커를 제대로 확인하지 않으면 실수로 발로 차거나 퍼팅 라인을 밟을 수 있습니다. 본인 마크와 헷갈리지 않도록 조심하세요.

etiquette 43

동반자의 퍼팅선을 밟거나, 그림자로 가리지 않도록 하세요.

etiquette 44

동반자의 퍼팅선 앞뒤로 서 있지 않습니다. 샷할 때도 마찬가지입니다. 실력이 되든 안 되든 요청하지 않은 관찰은 비매너예요.

etiquette 45

자신의 퍼팅선을 확인하는 습관을 익혀보세요. 진행도 빨라지고 그린 읽는 능력도 향상됩니다.

etiquette 46

퍼팅이 끝나면 최대한 신속하게 카트로 이동해야 합니다. 거기서 더 생각해봐야 더 좋아지지 않아요. 오히려 공 맞기 십상입니다.

etiquette 47

동반자가 컨시드를 주지 않는데 스스로 OK! 외치고 공을 집어 들지 마세요. 내기 골프일 때 특히 갈등이 심해집니다. 실제로 지인의 친구가 그린에서 그런 행동을 했는데, 다음 라운드에서 찾아볼 수 없었습니다.

etiquette 48

코스 내에서는 걸어서 이동하는 걸 추천합니다. 대신 빠른 걸음으로요. 뛰지는 마세요. 숨이 차 샷에 방해됩니다.

etiquette 49

라운드에서 음주를 즐기고 싶다면 가볍게 한 잔 정도만 하세요. 인사불성이 되면 서로에게 좋지 않습니다.

etiquette 50

규정이 바뀌어 코스 내에서는 흡연이 금지되어 있습니다. 지정된 곳에서만 흡연해야 합니다.

초급자를 위한 골프 용어

ㄱ

골프 백 골프 클럽을 담는 가방. 캐디 백이라고도 한다.

골프 볼 골프 경기에 사용하는 공. 공식 경기에 사용하는 공은 직경이 1.68인치(42.67mm), 무게는 1.62온스 이상이어야 함.

골프 숍 골프 관련 용품을 파는 장소. 한국에서는 일반적으로 프로 숍(Pro Shop)이라 부름

골프 아카데미 골프 교육을 목적으로 세운 사설 교육기관

골프 장갑 손과 클럽의 마찰력을 높이기 위해 사용하는 장갑

골프 카트 골퍼가 골프 코스에서 사용하는 이동 수단

그늘집 라운드 중간에 마련된 휴게소. 식사를 하고 음료를 마실 수 있음

그라운드 골프 코스, 지면

그룹 레슨 단체 레슨. 한 명 또는 두 명 이상의 교사와 두 명 이상의 학생들이 포함된 교습

그린 스피드 그린 위에서 공이 굴러가는 속도. 잔디 길이나 상태 등에 영향을 받음

그린 피 골프장 사용료. 특히 필드 플레이 비용. 인당 10~30만 원으로 다양하다.

그립 골퍼가 잡는 클럽의 손잡이 부분. 또는 클럽을 잡는 행위

기미 매치 플레이(match play)에서 상대방의 공이 홀에 아주 가까워서, 스트로크를 하지 않아도 공을 홀에 넣은 것으로 인정해 주는 일

ㄷ

다운 경기 중 선수가 지고 있는 경우를 지칭하는 말. 원 다운(one down), 투 다운(two down) 등으로 카운트

다운스윙 백스윙 탑(back swing top)에서부터 임팩트(impact) 전까지의 스윙

더블 보기 한 홀에서 규정 타수보다 두 타 더 많은 샷으로 공을 홀에 넣는 것
예: 파 4홀에서 6타 만에 홀을 마친 경우

동적 균형 스윙 과정에서 이루어지는 균형

뒤땅 공 뒤에 지면을 먼저 쳤을 때 하는 표현

드라이버 티잉 그라운드에서 공을 멀리 보내기 위해 사용하는 클럽. 로프트가 가장 적고 가장 길다. 1번 우드라고도 한다.

드라이빙 레인지 골프 연습장

드로우 좌곡구. 공의 궤적이 오른쪽에서 왼쪽으로 약간 휘는 샷

드릴 스윙의 문제점을 고치기 위해 만들어진 연습 방법. 기구를 이용하는 드릴, 기구 없이 골프 클럽만으로 스윙을 하는 드릴, 클럽 없이 몸으로만 하는 드릴 등이 있음

디벗 골프 클럽에 의해 파인 잔디. 샷 후에 잔디를 제자리로 돌려놓는 것이 매너다.

ㄹ

라이 앵글 클럽의 솔을 지면에 붙였을 때 샤프트와 지면이 이루는 각도

라인 골퍼가 목표를 향해 공을 보내려고 설정하는 진로. 퍼팅 라인(Putting Line), 목표 라인(Target Line) 등이 있다.

레귤러 티 일반적으로 아마추어 남자 골퍼가 티 샷에 사용하는 티 박스. 공정한 경기를 위해 골퍼의 경기력에 맞게 홀의 길이를 달리함. 화이트 티라고도 한다.

레귤레이션 파 3에서 티 샷을 그린에 올린 경우. 파 4에서 두 번째 샷을 그린에 올린 경우, 파 5에서는 세 번째 샷을 그린에 올린 경우를 말한다.

레이디스 티 여성 골퍼가 티 샷을 하는 티잉 그라운드. 공정한 경기를 위해 골퍼의 경기력에 맞게 홀의 길이를 달리함. 레드 티라고도 한다.

로우 피니시 스윙의 궤도가 정상적인 위치보다 낮은 경우의 피니시. 스윙이 지나치게 플랫(flat) 하거나 스윙의 패스(swing path)가 지나치게 아웃-투-인(out-to-in)일 경우 낮은 피니시가 나오기 쉽다.

로프트 클럽 페이스(club face)가 샤프트(shaft)의 중심으로부터 눕혀진 각(도)

롱 게임 쇼트게임의 반대 의미로 사용. 긴 클럽으로 하는 샷

롱 아이언 1, 2, 3, 4번 아이언. 길이가 길고 클럽의 로프트(loft)가 작아 제어가 어렵다.

룩킹 업 머리를 필요 이상으로 먼저 들어서 공의 비행 방향을 보는 행위로 미스 샷을 유발하는 요인 (=헤드 업 head up)

룩킹 업 스윙의 조화로운 움직임. 클럽과 몸이 일체되어 조화로운 스윙으로 비거리가 향상되고 샷의 질도 좋아진다.

ロ

매너 골프 코스 또는 골프 경기 중에 지켜야 할 예의나 에티켓

매치 플레이 18홀을 통틀지 않고 매 홀마다 승자를 가리는 방식

멀리건 티 샷에서 실수했을 때 무효 처리 하고 다시 한번 기회를 줌. 정식 규칙은 아니다.

목표 라인 비구선. 목표와 공과의 연장선

미들 아이언 5, 6, 7번 아이언이다.

백 나인, 백 나인 홀 코스의 18홀 중 10번에서 18번까지의 홀 또는 18홀의 경기 중 후반 9홀의 경기

백스윙 공을 치기 위해 클럽 헤드를 탑까지 가져가는 동작. 클럽 헤드가 공에서부터 멀어지기 시작해, 스윙의 최정점에 위치할 때까지의 스윙

백스핀 공이 진행 방향의 반대 방향으로 회전하는 것

밸런스 균형, 평형

뱀샷 공의 위쪽을 타격해 바닥을 기어가는 샷

버디 한 홀에서 규정 타수보다 한 타 더 적은 스트로크로 공을 홀에 넣는 것
예: 파 5홀에서 4타 만에 홀을 끝낸 경우

벙커 코스에서 장애가 되는 모래 지역으로 해저드(hazard)의 일부(=Sand trap)

벙커 샷 코스에서 함정이 되는 모래 지역에서 하는 샷. 그린 주위 벙커 샷은 공을 직접 타격하지 않음을 전제로 하며, 페어웨이 벙커(fairway bunker) 샷은 공을 깨끗하게 쳐야 벙커에서 탈출함

보기 한 홀에서 규정 타수보다 한 타 더 많은 스트로크로 공을 홀에 넣는 것
예: 파 4홀에서 5타 만에 홀을 끝낸 경우

보기 플레이어 90타 정도의 점수를 치는 골퍼

볼 타월 공, 그립 또는 클럽 페이스를 닦는 타월

볼 포지션 공의 위치

볼륨 클럽 헤드의 체적으로 일반적으로 헤드의 크기를 나타냄. 규칙은 공식 경기에서 460cc까지 허용

브레이크 지면의 경사나 잔디 결 또는 바람 때문에 공이 땅 위에서 그리는 곡선.

블로우 스윙을 하여 공을 치는 행위

비기너 초보 골퍼, 골프 시작한 지 얼마 되지 않아 숙련도가 떨어지는 골퍼를 지칭

사이드 스핀 공의 측면 방향으로 도는 회전. 로프트가 작은 클럽(드라이버, 롱 아이언 등)에서 많이 나타남. 샷의 정확도에 영향을 끼친다.

샌드웨지 벙커에서 사용하기 위해 만들어진 클럽으로 1930년대 진 사라젠이 고안한 클럽. 그린 주 위에서나 비교적 짧은 거리에서도 사용함

생크 클럽의 호젤(hosel) 부분으로 공을 치는 것. 이 경우 샷이 급격하게 오른쪽으로 휘어짐

셋업 스윙 전의 준비 자세로 그립을 잡거나 정렬을 하는 일련의 준비 자세

쇼트게임 그린이나 그린 근처에서 가장 적은 스트로크로 공을 홀에 넣을 수 있도록 하는 모든 종류 의 샷. 벙커 샷, 퍼팅, 칩핑, 피칭 등이 있다.

숏 아이언 클럽 #8, #9, 그리고 피칭웨지(pitching wedge)이다. 샌드와 라브는 특수한 용도의 클럽 으로 간주됨. 클럽 길이가 짧고 로프트가 많아 공이 높이 뜨며, 사이드 스핀(side spin)이 작아 정확한 샷을 할 수 있음

스코어카드 골프 경기의 스코어를 기록하는 카드. 홀의 넘버, 핸디캡, 코스레이팅, 슬로프 레이 팅, 홀의 거리, 홀의 종류 등을 명시

스퀘어 임팩트나 셋업 시 클럽 페이스(club face)가 목표 라인(target line)에 직각인 상태

스퀘어 스탠스 양발이 목표 라인에 평행인 스탠스

스탠스 선수가 공을 치려고 할 때 취하는 발의 자세 또는 보폭

스트로크 공을 타격하는 행위, 또는 공을 타격하려는 의도로 스윙하는 행위

스트롱 그립 양손의 엄지와 검지에 의해 만들어진 'V'자 모양의 선이 오른쪽 어깨를 향하는 모양의 그립

스틸 헤드 철 성분을 함유한 합금으로 헤드를 만든 클럽

슬라이스 왼쪽에서 오른쪽으로 현저하게 꺾어지는 공, 우곡구. 대부분의 아마추어 골퍼가 이에 해 당. 직선구(straight)나 드로우(draw)성 구질에 비해 거리의 손실이 큼

슬로우 그린 그린 스피드가 느린 그린

싱글 플레이어 1~9개 오버파를 치는 골퍼(70~81타)

ㅇ

아너 티잉 그라운드에서 제일 먼저 샷을 하는 플레이어. 첫 번째 홀에서 아너(honor)는 공식 경기에서의 경우 경기위원회가 지정하고, 일반적인 친선 경기에서는 플레이어들이 정함. 두 번째 홀부터는 전 홀에서 가장 좋은 스코어를 기록한 사람이 아너가 됨

아마추어 골퍼 골프를 직업으로 하지 않는 모든 골퍼. 골프 행위로 금전적인 이윤을 창출하지 않음

아웃코스 공이 진행 방향의 반대 방향으로 회전하는 것

알 플렉스 드라이버 스윙 스피드가 85~95mph이고 비거리가 210~2400야드 정도인 골퍼에게 적당한 샤프트

어드레스 골퍼가 스윙 전에 몸과 클럽을 셋업하는 과정, 또는 준비 자세. 규칙의 관점에서 보면, 골퍼가 자세를 취하고 클럽을 땅에 댄 시점이거나 해저드(hazard)의 경우 자세를 취했을 때를 말한다. 셋업(set up)과 같은 뜻으로 사용

어드바이스 경기자가 샷이나 클럽을 선택하는 데에 영향을 주는 조언. 경기자는 캐디 또는 팀 매치(team match)일 경우 팀원으로부터만 조언을 받을 수 있으며, 이외의 사람으로부터 샷이나 클럽의 선택에 관한 조언은 받으면 규칙을 어긴 행위가 되어 벌타를 받게 된다.

어프로치 샷 페어웨이에서 그린을 향하는 샷, 또는 그린 위로 올리는 샷

어프로치 웨지 로프트가 48도에서 54도에 이르는 웨지. 피칭웨지와 샌드웨지의 로프트 차이가 커서 그 사이 간격을 보충하기 위한 클럽

언더 파 경기에서 기록한 스트로크의 합계가 규정 타수보다 적은 경우

얼라인먼트 목표에 대한 몸과 클럽의 정렬. 샷을 위해 어깨, 허리, 무릎, 다리 넓이(스탠스)를 목표 방향과 평행을 이루도록 자세를 만듦. 클럽 페이스는 목표 방향에 직각(square)을 이룬다.

업 경기에서 선수가 이기고 있는 상황을 나타내는 말. 원 업(one up), 투 업(two up) 등으로 나타냄

에스 플렉스 드라이버 스윙 스피드가 95~105mph이고 비거리가 240~2600야드 정도인 골퍼에게 적당한 샤프트

에이 플렉스(아마추어 플렉스) 드라이버 스윙 스피드가 75~85mph이고, 비거리가 180~2100야드 정도의 골퍼에게 적딩한 샤프트

에이스 파 3홀에서 한 번의 스트로크로 공을 홀 컵에 넣는 것.(=Hole in one; 홀 인 원)

에지 그린 주위의 짧게 깎은 잔디 지역(=green edge; 그린 에지)

에티켓 골프 경기 또는 골프 코스에서 지켜야 할 예의범절

엘 플렉스 드라이버 스윙 스피드가 75mph이하, 비거리가 1800야드 이하 골퍼에게 적당한 샤프트

오버 스윙 백스윙이 필요 이상으로 큰 경우. 스윙이 지나치게 커지면 타이밍을 맞추기가 어렵고 좋은 스윙 패스(swing path)로 공을 치기가 어렵다.

오버 파 경기에서 기록한 스트로크의 합계가 규정 타수보다 많은 경우

오픈 스탠스 왼발이 오른발보다 목표 라인에서 멀게 선 경우

온 그린 규정된 타수 내에서 티 샷이나 세컨드 샷으로 공을 그린에 올리는 것

워터 해저드 물웅덩이로 경기에 장애가 되는 지역

위크 그립 손의 엄지와 검지로 이어진 'V' 모양의 선이 명치의 왼쪽을 향하게 잡는 그립의 형태

이글 한 홀에서 규정 타수보다 두 타 더 적은 스트로크로 공을 홀에 넣는 것
예: 파 4홀에서 2타 만에 홀을 끝낸 경우, 파 5홀에서 3타 만에 홀을 끝낸 경우

이븐 파 플레이어가 경기에서 기록한 스트로크의 합계가 규정 타수와 동일한 경우
예: 파 4홀에서 4타 만에 홀을 끝낸 경우

인스트럭터 지도자. 레슨을 담당하는 프로(professional)

인코스 코스를 끝내고 들어오는 후반 9개 홀

임팩트 공이 골프 클럽 헤드에 닿는 순간. 또는 이때 전달되는 힘과 동작

정적 균형 셋업이나 피니시(finish) 때 이루어지는 균형

챔피언 티 남성 프로급들을 위한 티 박스. 공정한 경기를 위해 골퍼의 경기력에 맞게 홀의 길이를 달리함. 블루 티, 또는 블랙 티

칩 샷 그린 주위에서 홀을 공략하기 위해 친 비교적 낮은 탄도의 샷(=chipping; 칩핑)

카트 피 카트 사용 비용. 18홀 기준 9~12만 원

컨시드 홀 매치(Hole Match) 상황에서 상대가 남긴 짧은 거리의 퍼터를 시키지 않고 홀인으로 간주하는 것. 즉 금방 들어갈 정도로 짧은 거리가 남아 스트로크를 인정해 주는 것이고, 아마추어 경기에서는 특별히 제한하지 않는다.

캐디 플레이어를 도와주는 사람으로 플레이어의 백을 들어 주고 경기에 필요한 모든 부분을 도와줌.

캐디 피 캐디에게 지급하는 비용. 18홀 기준 12~14만 원

캐리 공이 날아간 비거리(=fly; 플라이) 샷한 지점에서 공이 땅에 떨어진 지점까지의 거리

코스 골프 경기를 하는 장소

코스 매니저 코스의 총괄 업무 담당 책임자

클럽 세트 골프공을 치기 위한 장비. 공식 경기에서는 14개의 클럽만을 허용함
클럽 페이스 클럽 헤드의 타구면

클럽하우스 골프 코스의 제반 업무를 처리하고 고객을 위한 서비스를 제공하는 건물

클럽 헤드 공을 치는 클럽의 머리 부분. 클럽 헤드의 크기가 커지면 미스 샷에 대한 관용성이 커지는 경향이 있다.

클로즈 스탠스 오른발이 왼발보다 목표 라인에서 멀게 선 경우

ㅌ

타이밍 가장 효율적인 동작을 얻기 위한 클럽과 신체와의 조화

탑핑 클럽 페이스 아랫부분에 맞는 샷

탭 인 홀에서 아주 가까운 거리의 공을 가볍게 톡 쳐 넣는 것

터치 섬세한 감각. 그린 주위에서 사용되는 샷이나 퍼팅을 할 때 요구되는 감

테이크어웨이 백스윙의 초기 부분으로 몸과 클럽이 일체감을 가지고 낮고 자연스럽게 움직이는 동작

템포 스윙의 속도. 테이크어웨이부터 임팩트까지의 시간은 약 1.2초, 스윙 시작부터 피니시까지 2초 정도 소요된다.

투온 샷을 2번 쳐서 공을 그린에 올려놓는 것. 3번 치는 경우 쓰리온

트리플 보기 한 홀에서 규정 타수보다 3타 더 많은 스트로크로 공을 홀에 넣는 것

티 공을 올려놓기 위해 나무나 플라스틱으로 만든 얇고 긴 물건

티 마크 티 박스의 종류를 구분하기 위하여 사용하는 표식. 티 박스 종류에 따라 다른 색 또는 다양한 형태의 물건을 사용

티 박스 티 샷을 위해 잔디를 짧게 깎아 놓은 지역. 티잉 그라운드라고도 한다.

티업 경기를 위해 티(tee) 위에 공을 올려놓는 행위

티 타임 경기를 시작하는 시간. 티 박스(tee box) 또는 티잉 그라운드(teeing ground)에서 티 샷(tee shot)을 하는 행위

ㅍ

파 규정 타수와 같은 타수. 한 홀에서 규정 타수와 같은 수의 스트로크를 해 공을 홀에 넣는 것을 지칭하는 말

파 쓰리 홀 한 홀의 규정 타수가 3이고, 홀의 길이가 100야드에서 2500야드 정도인 홀

파 파이브 홀 한 홀의 규정 타수가 5이고, 홀의 길이가 4500야드에서 6500야드 정도인 홀

파 포 홀 한 홀의 규정 타수가 4이고, 홀의 길이가 3000야드에서 5000야드 정도인 홀

파 플레이어 평균 72타를 치는 골퍼

파스쳐 셋업 시 취하는 몸의 자세

팔로우스루 임팩트부터 피니시 전까지의 골프 스윙

패스 골프 스윙 시 클럽의 궤적=스윙 패스(swing path)

팻 샷 클럽 헤드가 공을 타격하기 전, 지면을 먼저 치는 샷으로 거리 손실을 초래

퍼터 그린 위에서 퍼팅(putting)을 하는 데에 사용하는 클럽

퍼팅 그린 위에서 퍼터를 이용하여 공을 굴려 홀에 넣기 위한 <u>스트로크</u>

패스트 그린 그린의 스피드(green speed)가 빠른 그린

페어웨이 티잉 그라운드와 그린 사이의 잔디를 짧게 깎아 정돈해 놓은 지역

페어웨이 우드 페어웨이에서 먼 거리의 샷을 목적으로 만들어진 클럽. 현재는 티 박스에서 보다 정확한 샷을 할 경우 등 페어웨이가 아닌 지역에서도 사용됨

페이드 우곡구. 왼쪽에서 오른쪽으로 약간 구부려지면서 날아가는 경우. 슬라이스(slice)의 정도가 비교적 작은 샷

포기브니스 미스 샷에 대한 클럽 헤드의 관용성

풀 세트 드라이버, 우드, 아이언, 웨지, 퍼터 등으로 이루어진 14개의 클럽 세트

프런트 나인, 프런트 나인 홀 18홀의 경기 중 전반 9홀의 경기, 또는 코스의 18홀 중 1번부터 9번까지의 홀

프로 골퍼, 프로페셔널 골퍼 골프를 직업으로 하는 사람으로 골프로 금전적 이익을 창출함

플레인 스윙의 원이 그리는 궤적의 면=swing plane; 스윙 플레인

플렉스 샤프트의 강도, 샤프트의 휘는 정도를 표시

피니시 스윙의 마무리 자세. 균형 있는 피니시 자세는 좋은 골프 스윙의 상징

피치 샷 높은 궤도의 샷으로 백스핀 양이 많아 공이 지면에 떨어진 후 비교적 빨리 멈춤.

피칭 웨지 45~50° 사이의 로프트를 가진 클럽. 피치 샷이나 비교적 짧은 거리 샷에 사용

ㅎ

하이 피니시 피니시가 팔을 높이 들어 올리거나 해서 정상적인 스윙의 궤도보다 높은 경우

하프 샷 1/2스윙, 반 스윙

하프 세트 골프 규칙이 규정한 클럽 수인 14개의 절반으로 된 세트. 일반적으로 절반의 아이언만을 갖춘 세트를 말한다.

해저드 골프 코스에서 경기에 장애가 되는 위험 지역

핸디 실력이 낮은 골퍼에게 주는 이점. 핸디캡

템포 스윙의 속도. 테이크어웨이부터 임팩트까지의 시간은 약 1.2초. 스윙 시작부터 피니시까지 2초 정도 소요된다.

홀 그린 위에 공을 넣기 위해 만들어진 직경 4.25인치, 깊이 4인치 크기의 구멍. 공식 경기에서 홀 위치는 경기 위원회의 지정에 따라 매 라운드마다 바뀌며, 일반 코스에서도 홀의 위치는 매일 바뀜

홀 매치 18홀을 통틀지 않고 매 홀마다 승자를 가리는 방식. 공식 용어는 매치 플레이

홀인원 한 홀에서 한 번의 스트로크로 공을 홀에 넣는 것을 지칭하는 말. 일반적으로 파3홀에서 티 샷한 공이 홀에 들어갔을 경우

훅 오른쪽에서 왼쪽으로 휘어지며 날아가는 미스 샷.

초급자를 위한 골프 속어

골프의 정식적인 용어는 아니지만, 골퍼들 사이에 많이 쓰이는 속어입니다. 꼭 외워야하는 것은 아닙니다만 라운드에 나갈 때 미리 알고 있으면 더 즐겁게 라운드를 즐길 수 있을 거예요.

일파만파 첫 홀에서 한 명이 파를 하면 같은 팀원들 모두 파를 기록하는 것. 내기에서는 어렵지만 한 달에 1~2번 나오는 백돌이, 직장인을 위해 스트레스 받지 않고 즐길 수 있도록 생겨난 문화로 추정

깨백 100타 치는 골퍼가 스코어 100타를 깼을 때를 이름

백돌이/백순이 골프 점수가 100타를 넘긴 골퍼

오잘공 드라이버 샷이 똑바로, 멀리 나갔다는 뜻

손오공 '손님이 오늘 제일 잘 치신 공'을 줄여 말하는 것. 보통 캐디가 하는 말이다.

지잘공 '지금까지 제일 잘 친 공'을 줄여 말하는 것

구찌 가방이 아니라 집중력이 필요한 골프 게임에서 심리전을 펼칠 때 쓰는 말. '드라이버 갖다 대기만 해도 3000야드 나가겠어!' 등 다양한 '구찌' 표현을 한다.

쪼루 공 위를 치면서 거리가 엄청 짧을 때를 말함

뽕샷 공이 드라이버 윗부분에 맞으면서 공이 위로만 솟구쳤다 떨어지는 샷. 정식 용어는 스카이 샷이다.

옆집 살림 차렸다 레귤레이션 온을 시도했지만 공이 옆의 그린에 올라갔다는 뜻

제주도 온 그린에 올리기는 했지만 홀과 너무 멀리 떨어져 제주도만큼 멀다는 데서 유래. 더 멀면 '마라도 온'이라고도 함

닭장프로 연습장에서는 프로처럼 치지만, 코스에 나오면 퍼덕이는 모습이 닭장 속에 있는 닭 같다는 뜻

주사파 주 4회 이상 라운드하는 골퍼

머리 올리다 골프 코스를 처음 나갈 때를 이르는 말

양파 규정 타수보다 2배 많이 쳤을 때를 이르는 말. 예: 파 3홀의 6타, 파 4홀의 8타

라베 라이프베스트(life best), 가장 잘 친 스코어의 줄임말

오바마 '오케이를 바라지 말고 마크하라'는 뜻

도로공사 협찬 공이 카트가 다니는 도로에 맞고 더 많이 나갔을 때 사용하는 말. 자매품으로 나무에 맞고 좋은 위치에 떨어진 상황에서는 '산림청 협찬'이라고 한다.

멀리건 티 샷에서 실수했을 때 무효 처리 하고 다시 한번 기회를 줌

ok=컨시드 공이 홀에 근접해 있어 원 퍼팅으로 마무리가 가능하다고 판단해 인정해주는 것

아우디 파를 연속으로 4번 할 때 숫자 0을 연달아 표시한 것이 아우디 로고 동그라미 4개와 닮았다는 데서 생긴 말

A BEGINNER'S GOLF GUIDE

4주 완성 골프 가이드

2024년 6월 12일 개정판 1쇄 인쇄
2024년 6월 19일 개정판 1쇄 발행

지은이 | 김정락
펴낸이 | 이종춘
펴낸곳 | (주)첨단

주소 | 서울시 마포구 양화로 127 (서교동) 첨단빌딩 3층
전화 | 02-338-9151
팩스 | 02-338-9155
인터넷 홈페이지 | www.goldenowl.co.kr
출판등록 | 2000년 2월 15일 제2000-000035호

본부장 | 홍종훈
편집 | 조연곤, 윤지선
본문 디자인 | 조수빈
전략마케팅 | 구본철, 차정욱, 오영일, 나진호, 강호묵
제작 | 김유석
경영지원 | 이금선, 최미숙

ISBN 978-89-6030-631-8 13690

- **BM** 황금부엉이는 (주)첨단의 단행본 출판 브랜드입니다.

황금부엉이에서 출간하고 싶은 원고가 있으신가요? 생각해보신 책의 제목(가제), 내용에 대한 소개, 간단한 자기소개, 연락처를 book@goldenowl.co.kr 메일로 보내주세요. 집필하신 원고가 있다면 원고의 일부 또는 전체를 함께 보내주시면 더욱 좋습니다. 책의 집필이 아닌 기획안을 제안해주셔도 좋습니다. 보내주신 분이 저 자신이라는 마음으로 정성을 다해 검토하겠습니다.